会話力があがる

# 大人のはきはき
# 滑舌《かつぜつ》上達ドリル

フリーランスアナウンサー・
話し方&アナウンス講師
**花形一実**［著］



メイツ出版

# はじめに

みなさん「口が回らない……滑舌ダメ〜……」と思ったことはありませんか？

しっかり話したいのに、口が思うように回らない、聞き返される等……となると仕事はもちろん、日常生活でも、いつもどこかに苦手意識が。これでは十分に自分を発揮することができませんね。

滑舌は、少しずつでも練習をしていけば、必ず良くなっていきます。早速始めて、仕事で、日常で、さらなるステップアップを目指しましょう。

練習がより効果的なものになる本書の５つの特長をご紹介します。

## ◎滑舌練習フレーズをランク分け

これまでの話し方指導での受講生の皆さんの傾向などを基に、滑舌練習フレーズを３段階のレベル【☆・☆☆・☆☆☆】に分けました。さらに［超難関］も！　もちろん言いにくさには個人差がありますが、「☆だけど言いにくいから頑張ろう」「☆☆が言えた！」などお楽しみください。

また、自分のレベルをはかる目安にもなりますので、ステップアップの励みにしていただければと思います。

## ◎３５０練習フレーズ

練習フレーズは全部で３５０種類あり、様々な口の動きを練習できることはもちろん、新しいフレーズに咄嗟に対応し工夫して言ってみることで、脳のトレーニングにもなります。

いつでもどこでも、好きなフレーズから、しっかり声に出し口を動かして言ってみてください。初めは滑らかに言えなかったとしても、それは大変に良い発声発音練習になります。

一つのフレーズがはっきり言えるようになればしめたもの。ぜひ次のフレーズに挑戦を！　声に出してはっきり言えるフレーズが増えていけば自信が生まれ、大きな財産になります。

## ◎話し方ノウハウの面からもアドバイス

聞き返されるのには理由があります。発音の問題だけではなく、話し方の悪い癖が聞き取りにくさにつながっていることも多いのです。さらに、話し方に問題があるために、言い間違えたりつかえたりしてしまうこともあるのです。

このようなわけで、話し方を改善すると、滑舌の改善にもつながります。

そこで、話し方ノウハウの面からのアドバイスも盛り込みました。日常でもぜひ試してくださいね。

## ◎言いにくいを分析、攻略法をアドバイス

言いにくいフレーズには個人差がありますが、多くの人が言いにくくて苦戦するフレーズもあります。言いにくい箇所にはそれなりの理由があることが多いのです。

「このような場合は、言いにくい！」を分析し、どうすれば改善できるのかをアドバイ

スしています。

無理やり言おうとして力んでしまうと、かえって言えなくなってしまうものです。ノウハウを知って効果的に練習を進め、言いにくいフレーズを言いやすいに変えてくださいね。

日常でも、きっと助けになることと思います。

## ◎「出来た！」の目に見える化

滑らかに話す上で、心の中に潜む積もり積もった苦手意識や失敗体験は、知らず知らずの内に自分自身の足を引っ張ってしまいます。

一方で、小さな「出来た！」を一つずつ積み重ねることが、難しい局面でも「やってみよう！　私は出来る！」につながります。そこで、フレーズごとにどの位できたかを記すチェック欄のほか、各ランク最終ページに達成プレゼントをご用意しました。楽しみながら、ステップアップしてくださいね。


コミュニケーションをとる上で『声を出して話す』ことはとても大切です。そして、よりスムーズに伝えあうために滑舌力は必要です。

「私、滑舌に自信ないなあ……」と思う代わりに、練習フレーズを一つ言ってみてください。少しずつが積み重なって滑舌力が上がり、様々な場面で役に立つことでしょう。

日常のちょっとした時間を利用して、より多くの滑舌練習フレーズを声に出していただければ幸いです。

花形　一実

# より効果を上げるために

さあ、いよいよ滑舌練習の始まりです。
でもその前に大切なことをお伝えします。

## 滑舌練習フレーズを言うときには
## しっかり声を出して口を動かしましょう！

でも、どうやって……？
まずは、そのための大切な基本事項から。
すぐに出来なくても意識するだけでも違ってきますので、
ぜひ心掛けてくださいね。

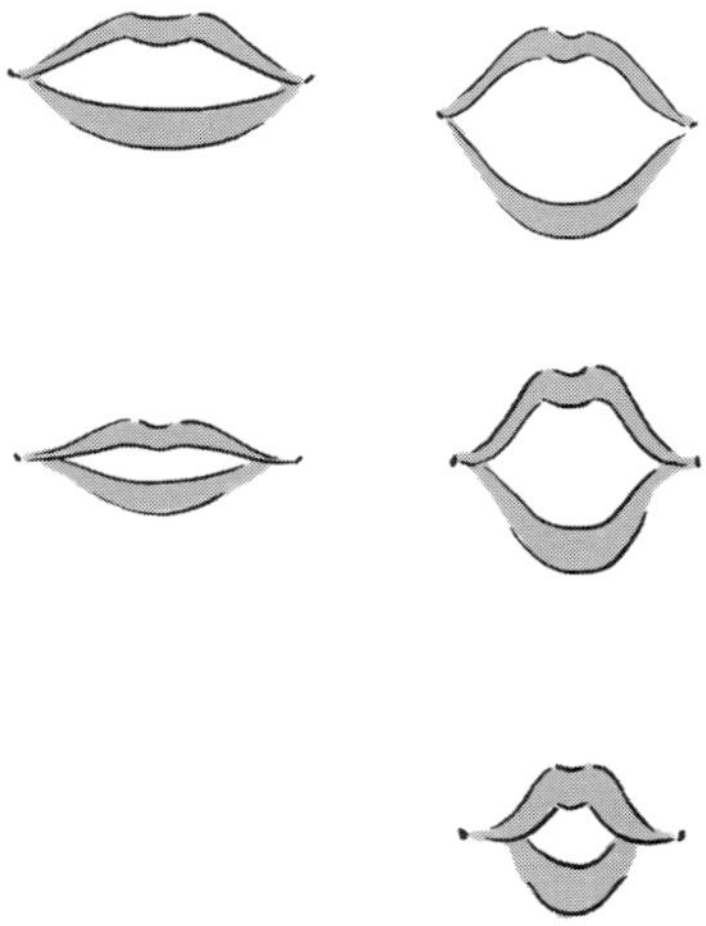

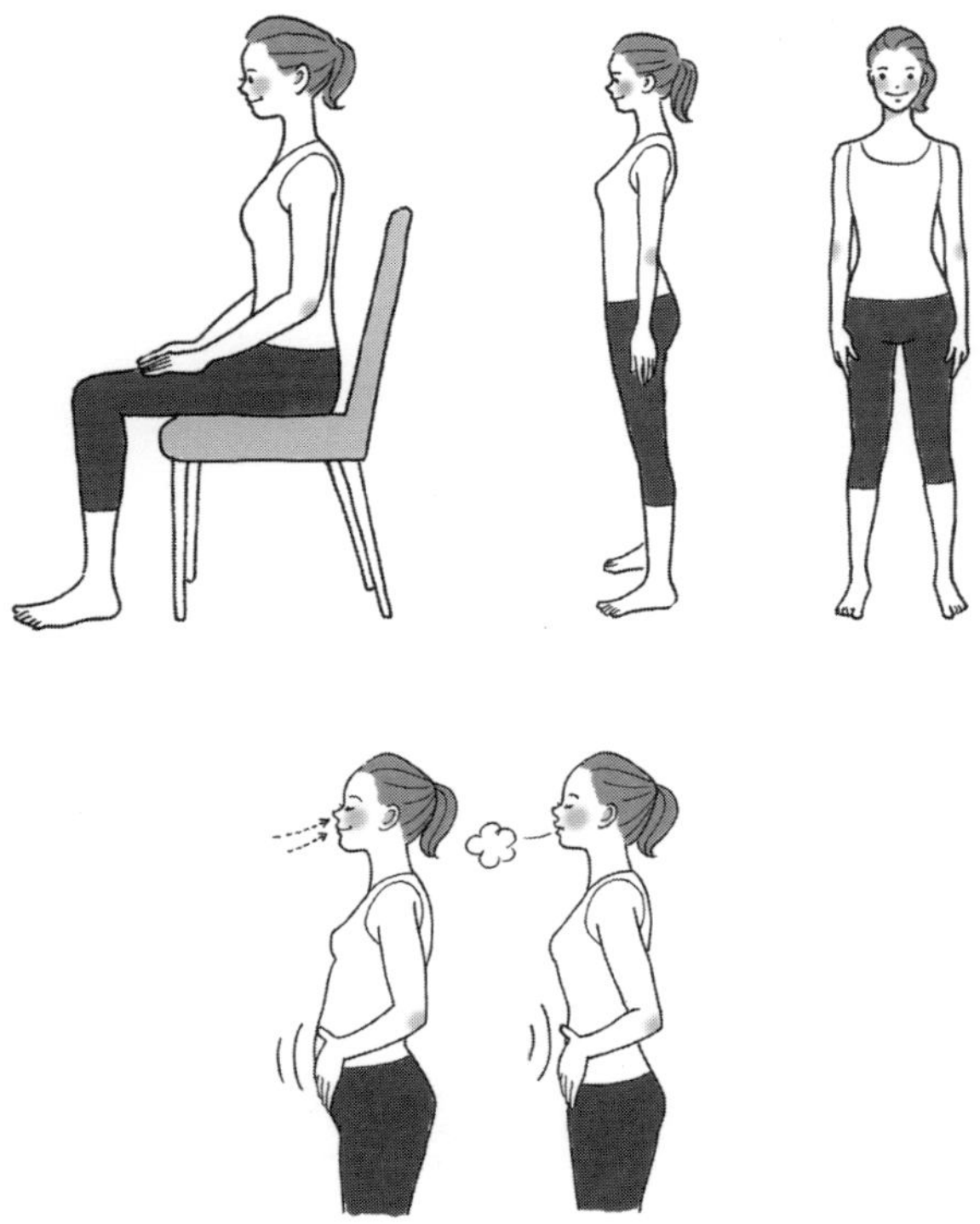

# 良い姿勢と明るい気持ちで良い声を！

楽に良い声を出すためには、良い姿勢が大切です。

立っている場合、座っている場合、それぞれ図を参考にしてくださいね。自分のできる範囲で心掛けましょう。

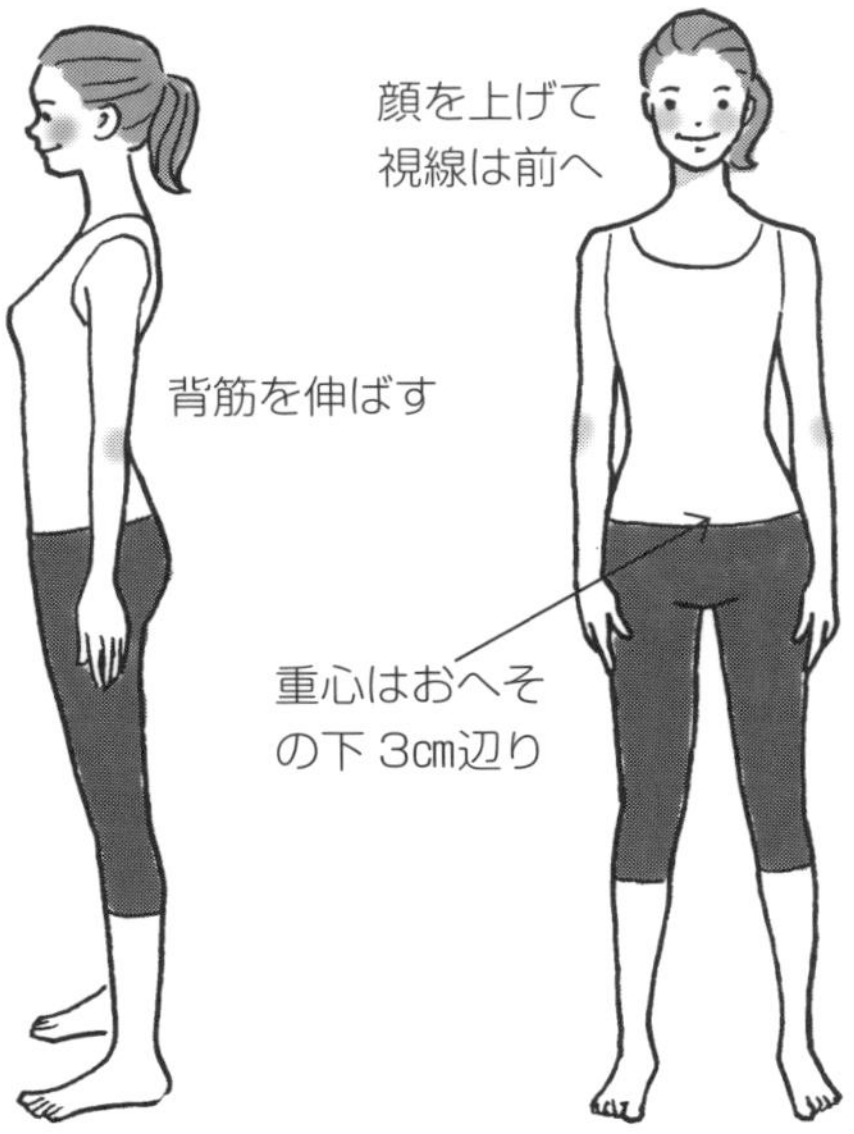
顔を上げて
視線は前へ
背筋を伸ばす
重心はおへその下 3㎝辺り
足の開きは肩幅位。体重は両足均等に

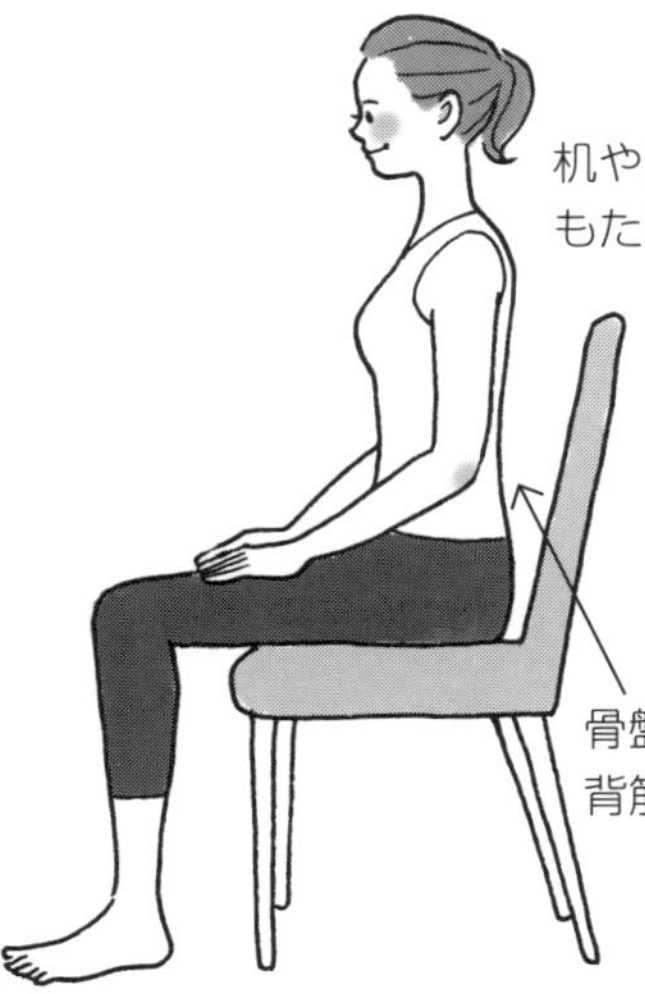
机やいすに
もたれない
骨盤を立てて
背筋を伸ばす
両足の裏は床に

力んで胸を反り返らせたり、肩が上がらないように気を付け、余分な力は抜きましょう。

気持ちと表情も大切です。

気持ちが暗いと声が沈み表情は曇り、ボソボソと話してしまいますね。明るくはっきり話すためには、明るい気持ちで臨みましょう。

難しいフレーズにも「きっと出来る！」と前向きに挑戦。顔の筋肉がシャキッとして、表情が明るくなるだけでなく、練習の効果を高めます。

# 腹式呼吸をしましょう

余裕をもって相手に届く声で話せるように、喉を緊張させることなく大きな呼吸のできる腹式呼吸を練習しましょう。

(1) 良い姿勢で、口から息を6〜10秒ぐらいかけて一定の強さで細く長く吐きます。
(お腹がへこんでいくように)

(2) 息を吐ききったら、へこんだお腹の力を抜くと、息がスッと自然に入ってくるので、主に鼻から2〜3秒で吸います。(お腹が膨らみます)

リラックスして(1)と(2)を繰り返し、自然な呼吸をしましょう。

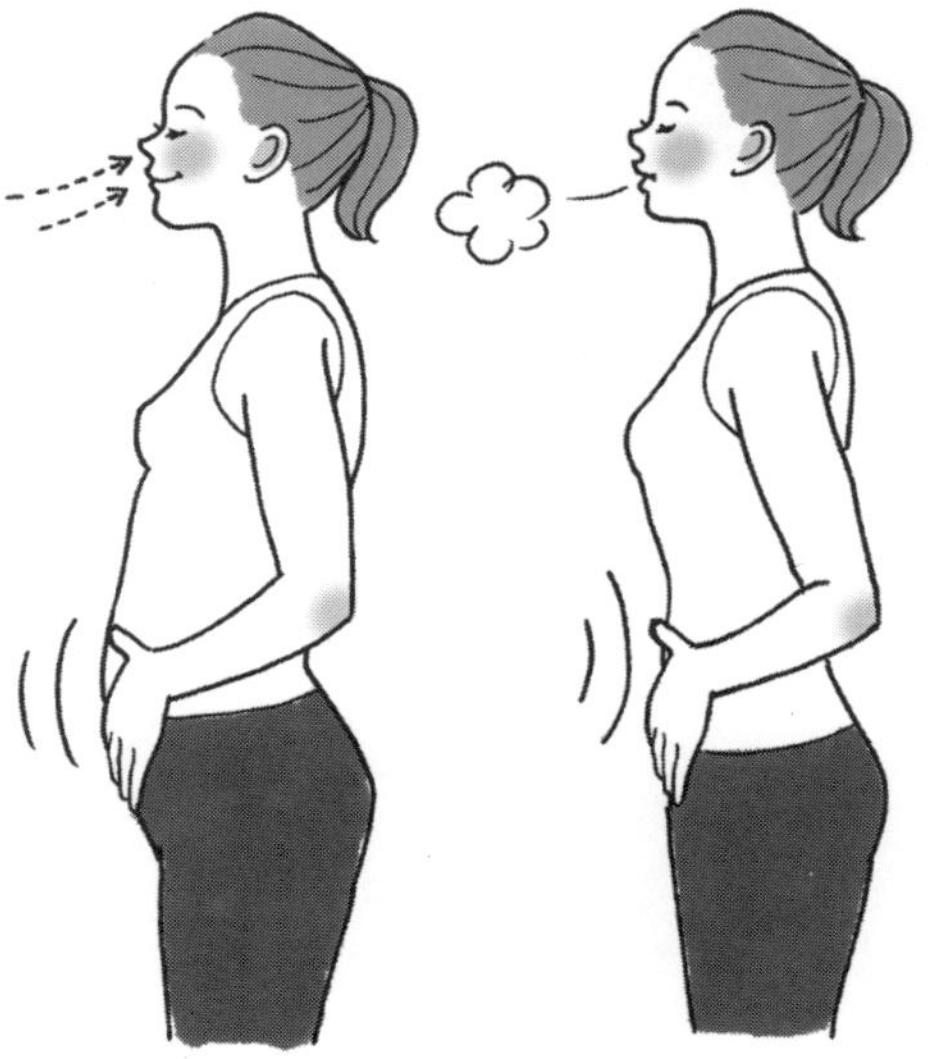

勢いをつけて口から息を吸い大声を出そうとすると、力が入りかえって声を出しにくかったりむせてしまったり。また、浅い呼吸だと息が続かない上に声が届きにくくなってしまいます。明瞭に話すために呼吸は大切です。

# 楽に声を出しましょう

相手にはっきりとした声を楽に届けることができると、会話やスピーチがスムーズに進みます。姿勢を整え気持ちを楽にして、さあ、声を出してみましょう。

（1）腹式呼吸でゆったりと息を吸ったら、吐く息で、力まないように続けて長く声を出します。

「あーーー……」

＊5メートルぐらい先の人に声を届けるような感じで。

＊「あ〜ぁ〜あ〜〜」と揺らがないように、一定の声で。

＊視線は前の声を届ける方向へ。下や上を見たり、キョロキョロしないように。

初めは10秒ぐらいしか続かなくても、毎日続けていると、だんだん15秒、20秒25秒と安定した声を出せるようになります。ぜひチャレンジしてくださいね。

楽に安定した声を出せるようになると、話すときに声を出しにくい、喉が痛くなる、ちょこちょこ息継ぎをするなどの改善につながります。もちろん聞きとりやすさも増します。

# 母音「アイウエオ」をはっきり発音できますか？

アイウエオを言うなんて簡単だと思いがちですが、ちょっと待って！
5つの音をそれぞれ区別してはっきり発音できていますか？

ア……一番大きく口を開く。（注）力んで横にガバッと開かない。

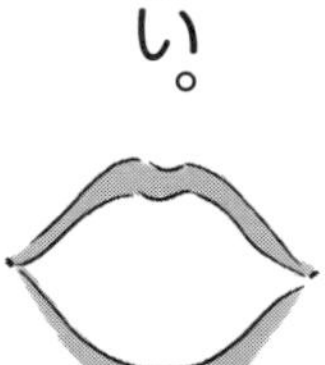

オ……「ア」から、縦に口を少しすぼめる。

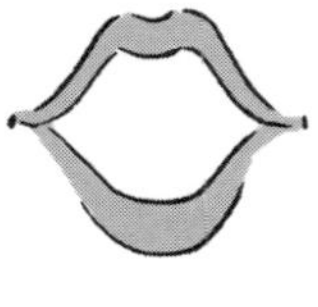

ウ……「オ」から、軽く口をすぼめる。

エ……「ア」から、顎を少し閉じて、唇をやや左右に開く。

イ……「エ」から、さらに唇を横に引き平らに開く。（注）口角が下がらない。

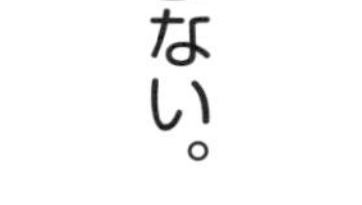

力を入れすぎないように楽に口を動かして、自分の声を聞きながら発音してみましょう。

母音は全ての音（ンを除く）に含まれていますので、母音の発音が良くなると、全ての音が聞き取りやすくなります。

# 一音一音を丁寧に発音しましょう

一つの○に一つの音を入れるイメージで発音しましょう。
聞き取りやすさが増します。

**例**

シ ヤ ク ショ　✕ シャクショ

サ カ（坂）　サ ッ カ（作家）　サ ッ カ ー

サ ン カ（参加）　サ ー カ ス

＊本書では、発音をカタカナで表記し、長音は「ー」で表しています。

早口言葉のように見える練習フレーズですが、滑舌練習をする際には、初めは、ゆっくりからです。また、ハキハキ話すイメージを持って、しっかり声を出して口をたくさん動かしましょう。そうすることで、日常、意識しなくても自然とスムーズに口が動くようになります。

ウォーミングアップ

# 口のストレッチ

## ☆練習前や練習途中に口をほぐしましょう。

上から順に、「ウ」ですぼめていた口が、だんだん縦に開いてきて「オ」になり、3番目の「ア」で顎を大きく下げて全開になります。今度は横に少し閉じて「エ」、さらに閉じて横に薄く開いた「イ」となります。

ゆっくり、口の形を確認しながらお腹から声を出しましょう。

ウ　オ　ア　エ　イ

ク　コ　カ　ケ　キ

ス　ソ　サ　セ　シ

ツ　ト　タ　テ　チ

ヌ　ノ　ナ　ネ　ニ

…………………………

フ　ホ　ハ　ヘ　ヒ

ム　モ　マ　メ　ミ

ユ　ヨ　ヤ　エ　イ

ル　ロ　ラ　レ　リ

ウ　オ　ワ　エ　イ

少しずつ覚えて、テキストから目を離し顔を上げて、遠くへ声を届かせるつもりで言いましょう。

＊「を」の発音は「お」と同じなので「オ」と記してあります。

テキストを手に持つと良い姿勢をとりやすくなりますね。

ウォーミングアップ

# 口の筋トレ

①しっかり声を出し口を動かして、一音ずつはっきり発音しましょう。
②一息で、8回以上繰り返してみましょう。

アエワオ　アエワオ　アエワオ……（繰り返す）
キカコク　キカコク　キカコク……（繰り返す）
ソシサツ　ソシサツ　ソシサツ……（繰り返す）
ツツチシ　ツツチシ　ツツチシ……（繰り返す）
ナナノノ　ナナノノ　ナナノノ……（繰り返す）
レルラロ　レルラロ　レルラロ……（繰り返す）

# レベル★

～噛まずに言える？　苦手をチェック！～

## 好きなページを開けて
## 好きなフレーズから
## さあ、始めましょう！

**肩の凝らないちょっぴり笑える練習フレーズがたくさん！　姿勢や呼吸など基本事項を心掛けて、丁寧にはっきり発音することを習慣にしましょう。さらに滑舌練習を効果的なものにするためには、「言えた！」で終わらせず、自分の声をよく聞いて滑舌が甘くなる部分はチェック。得意不得意を知り、今後の練習に活かしましょう。**

**練習方法**

①声を出してゆっくり正確に言いましょう。
②少しずつ速くして、一息で言いましょう。
③一つのフレーズを続けて３回繰り返しましょう。
（各レベルのおしまいにあるコラムページも参考にしてくださいね。）

各フレーズには３つのチェック欄□□□があります。
①が出来たらチェック欄に１つ○を入れましょう。
②が出来たら２つ目の○を。
③にもチャレンジして、○を３つ揃えてくださいね。

**○が全て揃った方には、王冠を授与！**
**（☆レベル最終ページ）**

01

## 小《コ》仏《ボトケ》峠《トーゲ》におとぼけロボットお届けだ

MEMO

［小仏峠］コボトケトーゲ。八王子市と相模原市の間にある旧甲州街道の峠。

02

## 釣れる釣り 釣れぬ釣り つられてつるんだ 釣り仲間

03

## 裏でうなる占い師

POINT

ひそひそ声なら言えたのに、しっかり声を出して言おうとしたら口が回らない!? これはよくあること。必ず声を出して練習しましょう!

04

棚《タナ》でここだけ
ナタデココ

05

ちょこっと包む
チェコのチョコ

06

オノミに合う
お飲み物の飲み頃

07

木綿物《モメンモノ》のまとめ買い

08

くるみの実のみの
揉み玉マッサージで
腿《モモ》も胸もいい気持ち

MEMO
オノミは「尾の身」と書き、鯨肉の高級部位のこと。

09
妙なナス
妙なナース
見ようによるなあ

10
5競技のご講義は
ご厚意だった

11
籠と雨具が手放せない
凍える午後

12
無届けだ見届けた
間が抜けた

13
阿蘇市内
阿蘇市役所の朝清掃

POINT

ナスとナース、5競技とご講義など急ぐと発音が曖昧になりそうなものがたくさん。違いがはっきりわかるように言いましょう。

14

各課別に
バケツ使って
キャベツ分別

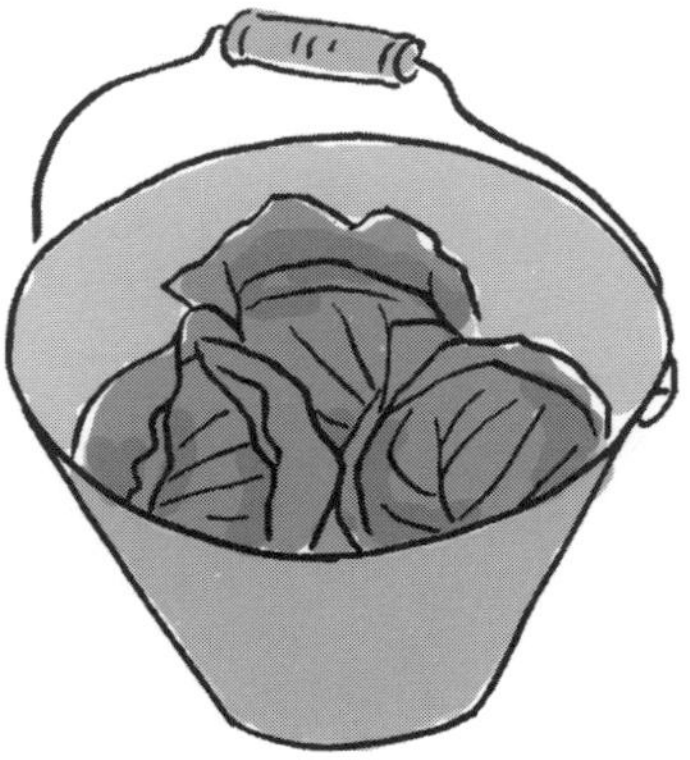

15

小太りの彼らは
飛ぶ鳥を落とす勢いだ

16

漬け込み
擦り込み
揉み込んだ
込み込みメニュー

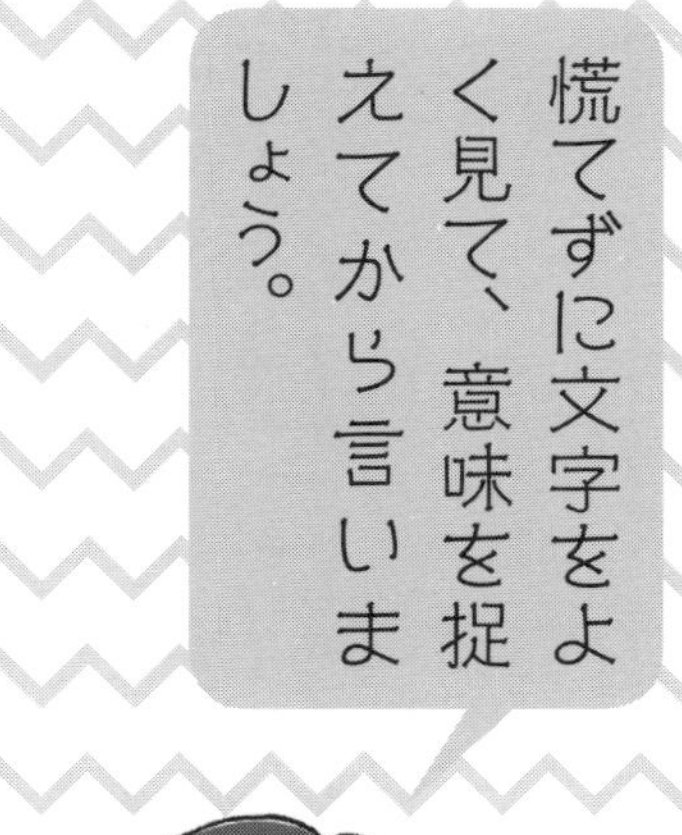
慌てずに文字をよく見て、意味を捉えてから言いましょう。

17

アブラカタブラ
油だ空だ
サラダだ皿だ

18

派手ないでたちの
立ち合い人登場

19

観光の
環境影響で
営業考慮

20

危うく
見誤るところだった

21

たらたらタレが
樽からしたたる

POINT

母音アの含まれる音（アカサタナハマヤラワ等）は、口をしっかり開けると明るい印象に。意識して発音してみましょう。

22

小顔に憧れる乙女心

23

一つずつ二つずつ
五つずつ幾つずつ？

24

花型船型
羽根型の見本品

ダラッと話すと私の名前の花形は、船形などと聞き間違えられてしまいます。皆さんはそんな経験はありませんか？

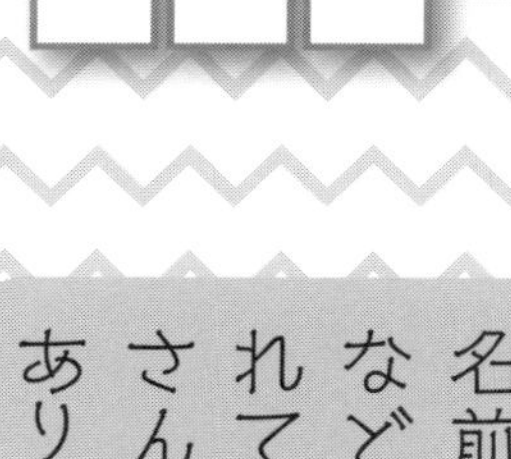

25

はにかむのを
はばかり
頬膨らます

26

参加国は何か国か

27

娘のまなこ
好む向こうの
婿がまごまご

28

切手買って
貼って送って
やっとちょっと
ホッとしたってさ

POINT

小さい「ッ」が多い文は、ついつい速くなってしまいがち。急がず丁寧に言いましょう。（P10参照）

# レベル ★

29

アイオワの甥に会う

30

ひょうひょうとした表情でほうぼう訪問

31

やや合わない絵合わせはややこしい

32

生ものと刃物のような物の並ぶ物入れ

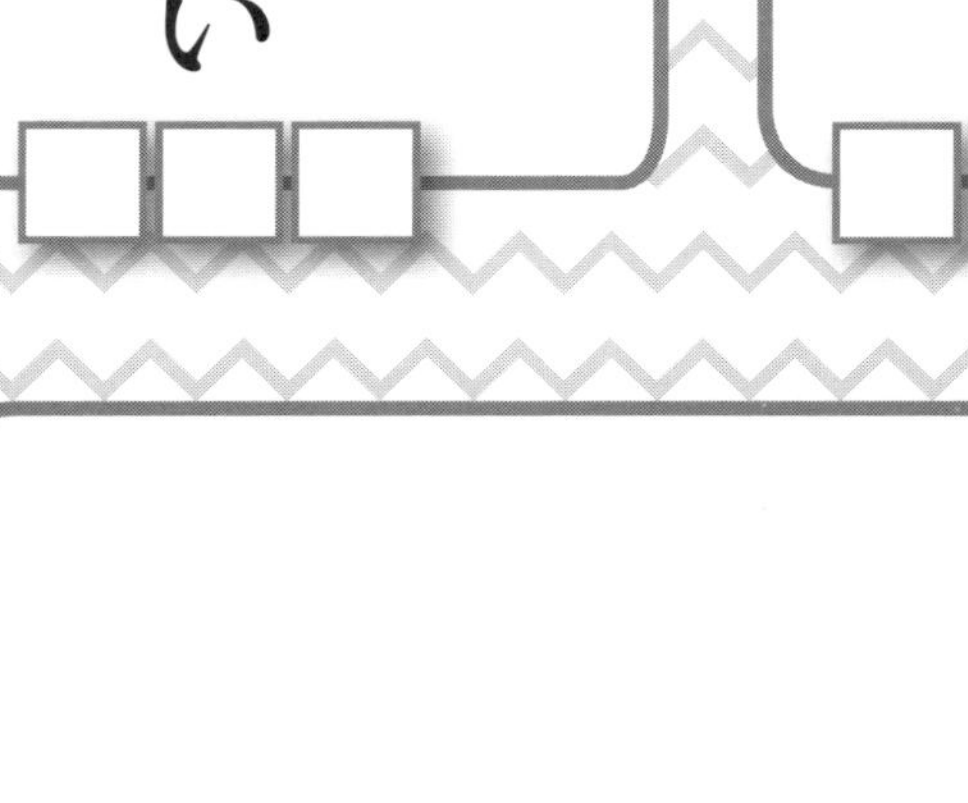

MEMO

「アイオワ」アメリカ合衆国中部の州の名前。

33

ちょっきチョキッと
切ってきた
ちゃきちゃき娘

34

山頂ヒュッテ
パーティーに
ひょっとこ
ひょっこり現れる

35

受け入れられる
成り行きと
受け入れられない
成り行きがある

POINT

ラ行が多いと呂律が回りませんね。ロレロレ…、レラレラ…を、それぞれ続けて言うと練習になります。

# レベル ★

36

マクロレンズ
曼珠沙華撮影法

MEMO

［曼珠沙華］マンジュシャゲ。ヒガンバナの別称

37

めまぐるしさに
お目目パチクリ

38

ふくよかな歩兵は
ほふく前進で
ふうはあひいはあ

39

かぶらぶら下げ
銀ブラ

40

傘ささないでする
欠かさない
ささいな所作

41

繰り広げられる
栗拾うドラマ

□□□

42

ドリームワールドの
まばゆい世界に
夢見心地

□□□

43

5会場は
5階以上にあります

□□□

POINT

5会場と5階以上が続いたときに発音が同じにならないように気を付けます。5階以上はゴカイ　イジョーと意識してみましょう。

44

幸い界隈で
和気あいあいの
再会だった

45

コアラに向かって
怖い声色を使う

46

破れてあぶれて
やぶれかぶれで
転ぶなよ

47

健吾が漕ぐカヌーの
輝ける勝利

48

巧妙な増毛は
少量ずつより
微量ずつ

アとワも混同しないように気をつけて。自分の声をよく聞きながら、はっきり発音しましょう。

## メニューも言いにくい

49
プロシュットにルッコラと完熟トマト、パルミジャーノレッジャーノチーズ添え

50
シェフの気まぐれ料理はタラバガニとアボカドのカネロニ仕立て

51
フランスプロヴァンス産黒トリュフとイタリアロマーニャ産白トリュフのスライス入り鶏料理

52
デザートは、マチュドニア、ミルフィーユ、ザッハトルテ、プディング、パルフェグラッセ、プレッツェルよりお選びください

## オノマトペも言いにくい

53

ぐでぐでだらだらに
すたすたさっさっが
みるみる近づき　ひょ
いと抜いてぐんぐん遠
くへ。あっとびっくり
じぇじぇじぇじぇだぜ。

54

ズッキューン　シャキー
ン　シュワッ　ドゥバッ
キュワーン　ガシガシッ
強そうだ！

55

じょりじょりじゃりじゃ
り　と　びちょびちょ
ねちゃねちゃにゅるにゅ
るを　ジャバーッジュ
バーッと洗ってさっぱり
つるつるすべすべ

56

ゴーゴードドドッドド
ドッ　ダダダダダ　ド
ダドダドダドダ　大群
だー！

57

どなたの棚かな
あなたの棚だな
長々待ったな

58

気にせず
歯に衣着せぬ
物言いをする衣笠氏

59

取り払われるものと
見られています

60

笑みこぼれる
木漏れ日の道

POINT

「棚だな　長々」のようにナとガやダが並ぶと言いにくいですね。舌や口の中をしっかり使って、はっきり発音しましょう。

61
タラコなら焼きタラコ

62
火鉢と火箸は非売品

63
配線用被覆線のほころびやつぎはぎを報告

64
スモモも干物も盛りつける

口周りや体の余分な力を抜いて言いましょうね。

65
心ほぐれて
ほんわかホクホク顔

66
27日と21日に
質屋へ行く

67
獣のような
目元が見もの

68
立ち続けた都知事たち

69
ご覧あれ
語呂合わせ
レベル別ベストトライ

POINT

比較的簡単なフレーズが並んでいますが、こんなときには、自分の声をよく聞いて、明瞭に発音できているかどうかをチェックしましょう。

70

走り抜ける
黄色い検査車両

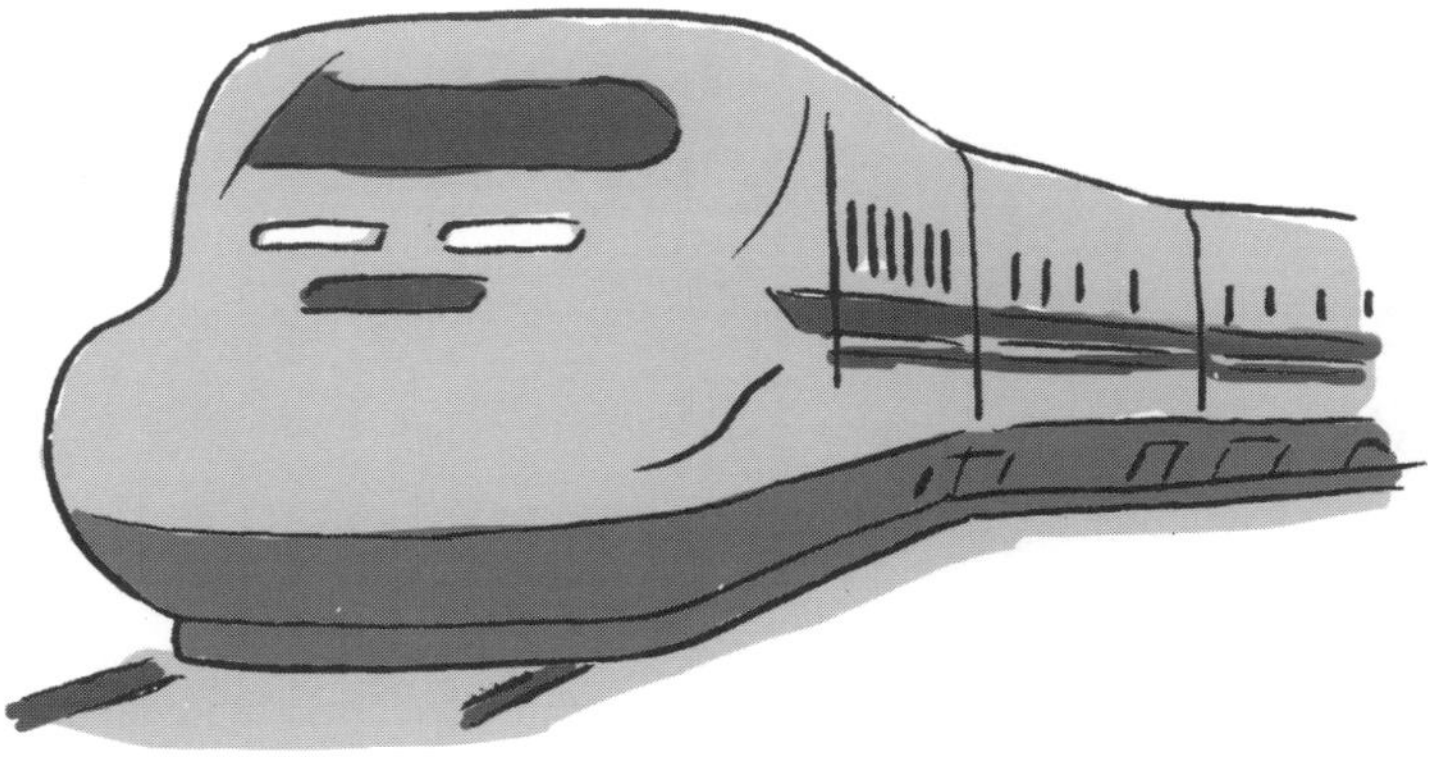

71

カラコロ転がる
空《カラ》小《コ》ボトル

72

忍者のような
ステルス戦闘機

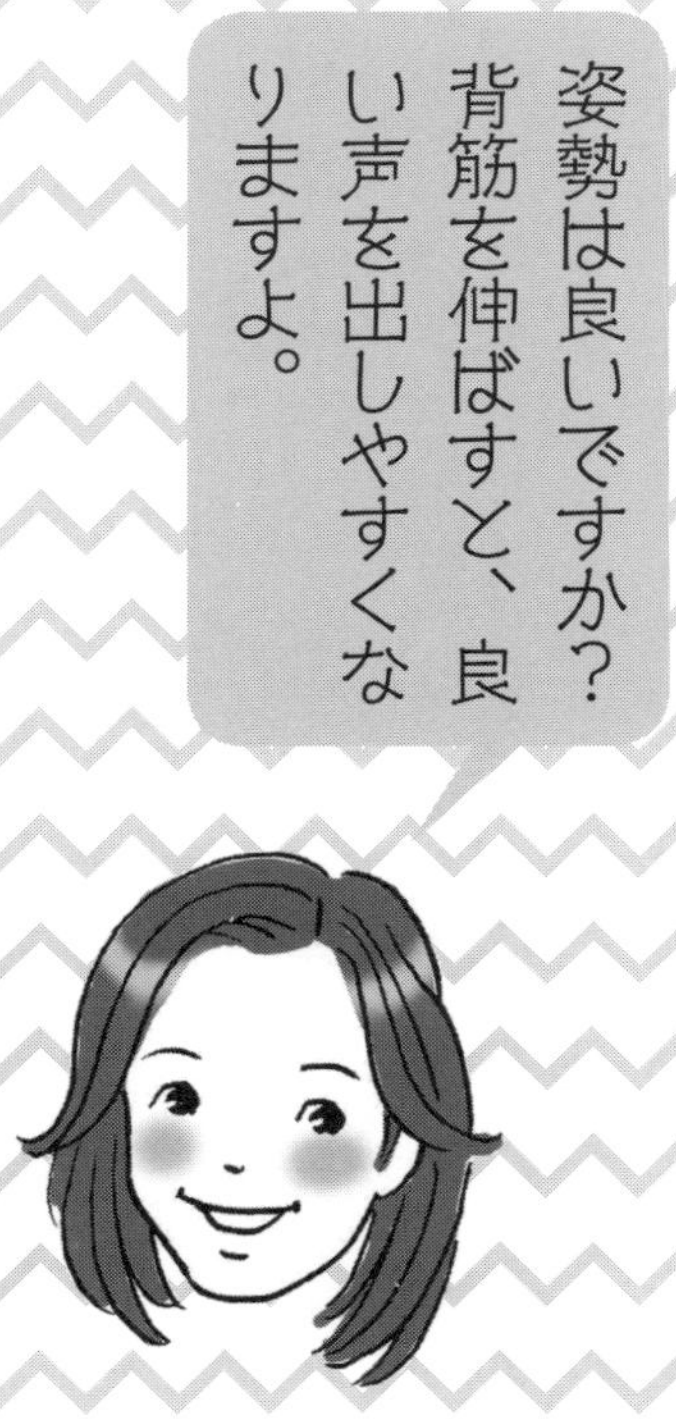
姿勢は良いですか？背筋を伸ばすと、良い声を出しやすくなりますよ。

73

開幕間際に見極める

74

醍醐味の語源に驚愕

75

野の菜《ナ》の眺め
菜花の眺め
眼鏡顔で眺めた

76

射撃場で
ざくざく化石発掘

77

キシキシいう敷居

POINT

内容を思い浮かべるとより滑らかに。菜花や眼鏡顔、赤・黒・黄色の3種のカタログなどを思い浮かべてみましょう。

78

母は被服科に不服

79

赤カタログ
黒カタログ
黄カタログ

80

コレ見られるなら
アレ見られる

明るい気持ちで、前の人に声を届けるように言いましょう。

81
つるりつるりと
スリル満点

82
食通ししゃもに
舌つづみ

83
暗い蔵と
黒い蔵が並ぶ裏路地

84
七輪焼きに
七味まぶす比志さん

85
筒形に整えつつ
包む鼓の小包

POINT

暗い蔵と黒い蔵、鼓の小包ははっきり聞き取れるように。クライクラ、ツズミのコツズミにならないように注意しましょう。

86

2本の見本を
日本の美保に
配送ですか？
はい　そうです

87

各戸が掲げる
加賀藩旗

88

タン焼きタン塩
タンたれ
タン丼タンしゃぶ
タンのたたきと
タンづくし

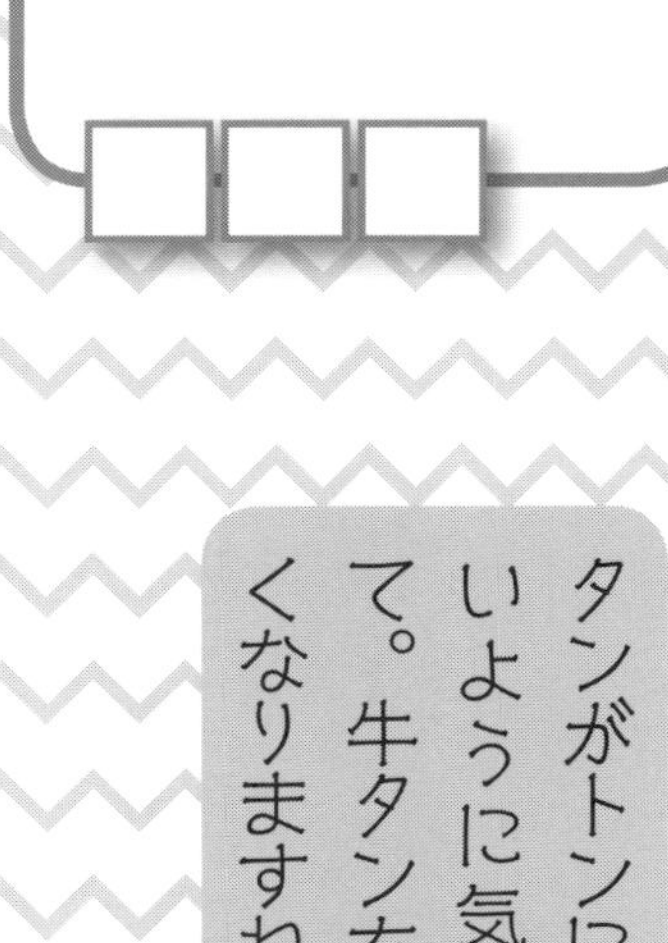
タンがトンにならな
いように気をつけ
て。牛タンを食べた
くなりますね。

89

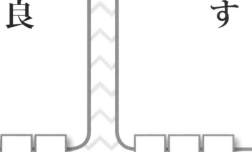

採め事採み消す
綿密な計画

90

必ず油なら奈良

91

顔洗って
かわるがわる瓦割り

92

ハラハラドキドキ
ほらほら
ホロホロチョウ

POINT

ハラハラドキドキほらほらホロホロチョウは、ハ行で息を出し過ぎてしまうと一息で言えなくなってしまいますので、息を調節しましょう。

93

此処のこの小型機で
小滝駅《コタキ》方向へ飛ぶ

MEMO

〔小滝駅〕（コタキ駅）は、新潟県糸魚川市にあるJR西日本大糸線の駅名。

94

目からうろこの
プロプレゼン
レクチャー

95

鱧《ハモ》ほおばる
頬の膨らみ甚だしい

MEMO

〔鱧〕海の魚で、関西ではハモ料理の材料として珍重。

96

小間物屋の
着物の小物使い

97

まめまめしく
結び目のようなものを
見極める者たち

98

余裕がなく
ようやく予約

99

ニュース映像は
ギューギューの
乳牛舎

100

たかられる彼ら
語られる彼ら

101

こらあ！
頃合いを見ろと
言っただろ

POINT

ラ行は舌に力が入りすぎないように軽やかに。マ行は唇を動かさないとモゴモゴ聞こえてしまいます。しっかり唇も動かしましょう。

102

照り焼き
アレンジにチャレンジ

103

囲炉裏の回りで
議論する彼ら

104

988ヘクトパスカル
の迫力ある台風

105

南牧村《ミナミマキムラ》の南向き
石窯付き古民家

106

伊予《イヨ》のにやけた
似合いの御両人

MEMO

［南牧村］ 長野県の東端にあり高原野菜の産地。
［伊予］ 愛媛県中部にある市の名前。

107

ひつまぶしで暇つぶし

108

渡辺《ワタナベ》さん
若鍋《ワカナベ》さん
赤鍋《アカナベ》さん
岡辺《オカナベ》さんが、
和気あいあい！

POINT

名前は特に注意してはっきり言いましょう。

## 1 から 108 全てのフレーズをクリアした貴方へ

## レベル★ 全フレーズ達成記念

おめでとうございます！

これは、貴方のたゆまぬ努力の賜物です。記念に、右の『王冠』をプレゼントいたします。

滑舌レベル☆マスターとして、これからも明るく丁寧な発音を心がけてください。

# 漢字が並んでいたら切る

たくさん漢字の並んだ原稿に苦戦する人をしばしば見かけます。つかえてしまったり、ボソボソ何を言っているのかわからなかったり、読み間違えたり…。

例えば

**補修数量終了報告**

画数の多い漢字ばかり！どの部分も言いにくい！
長いからもっと言いにくい！
漢字の多さに振り回されてしまいそうですね。

漢字がたくさん並んでいたら、落ち着いて（1）（2）（3）を実行しましょう。

**（1）単語や意味の切れ目を見つけて、自分なりの印を付ける。**
**（2）声に出すときは（1）の切れ目で少し間をあける。**
**（3）徐々にその間を小さくしていき、滑らかに言う。**

上記の例ならばこんな感じです。

補修／数量／終了／報告
補修数量／終了報告
☆補修する数量が終了した報告、と思いながら言うとさらに言いやすくなります。

### 日常に応用

名称・肩書など漢字がたくさん並ぶことはよくありますね。それを声に出して読むとなると、黙読と違って意外に難しいものです。

原稿を手にしたら、**しっかり言えないかもしれないと思う漢字には、全て振り仮名**を振りましょう。そして必要に応じて（1）（2）（3）を行いましょう。切れ目を見つけると、意味を捉えやすくなり、言いやすくなるのです。

# 印をつけて目立たせる

原稿を持って話すとき、並んだ文字を端から間違えないように声に出すことだけに一生懸命になっていませんか？　これだと、頑張っている割には、たびたびつかえたり、一本調子に聞こえたり……、滑らかに話せません。

こんなときは、
**内容をしっかり捉えて必要な印を付けておくと、読みやすくなります。**

例えば　5 競技のご講義はご厚意だった

意味を考えて点「、」を打つと　5 競技のご講義は、ご厚意だった
点「、」を打ったところで少し切るような気持ちで言います。

滑舌練習フレーズでは、意味のないような面白フレーズもありますが、自分なりに楽しく解釈して、点「、」など印をつけてみましょう。言いやすくなりますよ。

## 日常に応用

人前で原稿を持って話すときに、文字を追っているだけだと、途中で何の話をしているのかよくわからなくなってしまうことも。棒読みの原因にもなります。（1）（2）（3）で内容をしっかり伝えましょう。

**（1）原稿を手にしたら、まずは内容をしっかり把握。**

**（2）原稿に、読むときのガイドとなる印を付ける。**

**意味の切れ目に点「、」、大事な言葉には下線、噛みやすい部分に波線など、必要な印を決めて。**点「、」で間をあける、下線部はゆっくり言うなど工夫する。噛みやすい波線部分は事前に練習を。

**（3）下読みは、印の部分に注意しながら、実際に人前で話すときの声で行い、本番では、「伝えたい内容」に集中して話す。**

# 具体的イメージで棒読み脱出

原稿棒読み、無表情、その上ときどきつかえる……。そんな悩みをお持ちの方、**文の内容を捉えたら、それを思い切り想像してみましょう。**

例えば

客たち脚立担ぐ

脚立を担ぐお客さんの様子を、自分なりに想像してみてください。
会社のお客さん？旅館のお客さん？家のお客さん？
大きな脚立？小さな脚立？
どうやって担いでいるの？右肩に担いでいる？
急いでいる？重そう？軽そう？

**（1）自由に思い切り想像**
**（2）その映像を聞き手に伝えるつもりで読む**

頭の中に物・情景・イメージ等を具体的に思い浮かべるのです。写真や動画のように。

読みが自然な感じになり滑らかさが増します。言い間違えることも減ってくるでしょう。

**日常に応用**

原稿を読んで伝えるときに、内容を知っているというだけではなく、頭の中にどういうこと（物・事柄・気持ち等）なのか具体的にイメージして、気持ちを込めて声に出すと、聞き手にそのイメージやニュアンスまで伝わっていきます。

さらに、内容をよく理解して、原稿の言葉が自分の物になったという感覚を得られれば、イキイキとしたテンポ感のある話し方にもつながります。

# 部分練習は力になる

文を読んでつかえたとき、慌てて最初に戻ってまた同じ場所でひっかかり、さらに慌てて最初に戻ってまた同じ場所でひっかかり…。いつになっても言えるようにならない、という経験はありませんか？

そんなときのおすすめは、**部分練習**。

**（1）フレーズ全体を言ってみて、言いにくい部分をチェック。**
**（2）言いにくい部分だけ取り出して繰り返し練習。**
**（3）改めて全体を繋げる。**

初めは、言いにくい部分に合わせて全体をゆっくりと安定した速さで言うようにします。
慣れてきたら徐々に速くしていきます。

例えば

着ぐるみ脱ぎ脱ぎ右向く気まぐれ者

(1)「右向く」が言いにくい場合は、「右向く」だけ10回繰り返し言ってみましょう。
(2)「脱ぎ」と「右」のつながる部分が言いにくい場合は「脱ぎ右」を10回繰り返しましょう。
(3) 全体をつなげて言います。

**日常に応用**

原稿を持って話す練習をするとき、言いにくくてつかえてしまった部分があっても「本番ではできるだろう」とそのままにしておくと、本番でも同様につかえてしまうことが多いのです。
人前で原稿を持って話すのは緊張するものです。下読みで言いにくいと感じた部分は、予め繰り返し練習をしておきましょう。言いやすい部分との違和感がなくなれば、自信をもって本番に臨めますね。

ウォーミングアップ

# 口の筋トレ

①しっかり声を出し口を動かして、一音ずつはっきり発音しましょう。
②一息で、8回以上繰り返してみましょう。

カガカガ　カガカガ　カガカガ……（繰り返す）
タダダラ　タダダラ　タダダラ……（繰り返す）
ズツジツ　ズツジツ　ズツジツ……（繰り返す）
ナダダナ　ナダダナ　ナダダナ……（繰り返す）
カゴモゴ　カゴモゴ　カゴモゴ……（繰り返す）
ホクホフ　ホクホフ　ホクホフ……（繰り返す）

ウォーミングアップ

# 口の筋トレ

ガギカギ　ガギカギ　ガギカギ……（繰り返す）

ウヨユヤ　ウヨユヤ　ウヨユヤ……（繰り返す）

ヌギネギ　ヌギネギ　ヌギネギ……（繰り返す）

ナゾナド　ナゾナド　ナゾナド……（繰り返す）

バベパペ　バベパペ　バベパペ……（繰り返す）

タツゼツ　タツゼツ　タツゼツ……（繰り返す）

発音するときに使う口の周りや口の中などの筋肉を鍛えて、動きやすくし、滑舌力を上げましょう！

# レベル★★

～難易度の高い発音に挑戦！～

## 好きなページを開けて
## 好きなフレーズから
## さあ、始めましょう！

**熟語は少し長めのものが多くなり、発音が似ていて紛らわしい言葉の難易度が上がります。濁音も頻出。口を動かすことだけではなく、文字を見たら、即座に間違えずにしっかりと声に出すことに慣れていきましょう。そのためには滑らかに言う工夫も大切。『POINT』欄や『滑舌攻略＋プロ技』ページも参考にしてくださいね。**

練習方法

① 声を出してゆっくり正確に言いましょう。

② 少しずつ速くして、一息で言いましょう。

③ 一つのフレーズを続けて３回繰り返しましょう。

（各レベルのおしまいにあるコラムページも参考にしてくださいね。）

各フレーズには３つのチェック欄□□□があります。

①が出来たらチェック欄に１つ○を入れましょう。

②が出来たら２つ目の○を。

③にもチャレンジして、○を３つ揃えてくださいね。

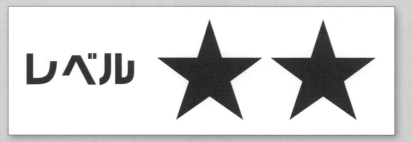

**○が全て揃った方には、王冠を授与！**

**（☆☆レベル最終ページ）**

109

並ネギマ鍋2人前

110

僧正の肖像画

111

見誤るな
アオウミガメ
アカウミガメ

112

レンタサイクルで
デンタルクリニックに
行く

POINT

ソージョーとショーゾー、磨くのはマキ、描くのはミキと、頭を整理してから声に出しましょう。言い間違えなくなるコツの一つです。

113

トリニダード・トバゴへ飛ぶ
鶏煮た後　跳び箱跳ぶ

114

この茶　粉茶ね
こねちゃダメ

115

マキが磨き
ミキが描く美術品

116

夏期に影作る形が
過激な鍵型建築物

MEMO

［トリニダード・トバゴ］カリブ海にある国の名前

117

科学館で
画家が描くガガーリン

118

5バレルと
6バレルの
樽を比べて調べる

119

幾何学的危機的
懐疑的は
聞き取りにくい

120

覚悟を決めて
意気込みを語る

121

企画室長の出張企画

POINT

カ行ガ行が続くと舌の奥の方が動きにくくなってうまく発音できなくなることも。カガとキカをそれぞれ何度も続けて言うと練習になります。

122

一日中猫撫でてデレデレ

□□□

123

キャラメルに絡めるかキャラメルを絡めるか

□□□

124

最上川見ながら真顔でよもぎもちもぐもぐ

□□□

カ行が多いと喉や首肩に力が入りがち。リラックスして！

125

着ぐるみ脱ぎ脱ぎ
右向く気まぐれ者

126

小耳にはさんだ桃のみ
もぎ取る方法

127

雅楽か語学か
ご学友と学問語る

128

カモ釜飯と
胡麻まぶし
混ぜ込みご飯を
もぐもぐ

POINT

ネギヌタ向き長ネギなど長い言葉は、心の中で小さな「、」点を打ってみましょう。ネギヌタ向き（、）長ネギのように。

（P42参照）

129
大鴨小鴨の巣ごもり
見守る

130
長野のネギヌタ向き
長ネギ

131
駒込六義園
巣鴨とげ抜き地蔵巡り

132
刀と薙刀
飴舐めながら
斜めから眺める

MEMO
［駒込］コマゴメ。ＪＲ東日本山手線で巣鴨の隣が駒込駅。
［六義園］リクギエン。駒込駅より徒歩７分の江戸時代の庭園

133

土佐土砂災害対策

134

すし好き主人と
すし職人月極《ツキギメ》契約

135

しょっちゅう
誤徴収に御頭首登場

136

雑草増殖につき
除草作業中

137

なぜ謎なのですか？

POINT

シャシュショがたくさん出てきますね。慌てると言えなくなってしまうので、一言ずつ慎重に言いましょう。（P77参照）

138

早速山椒煎餅試食

139

百種を杓子定規に種別する

140

修好通商条約から150年の節目

文字をよく見て言い間違えないようにしましょう。

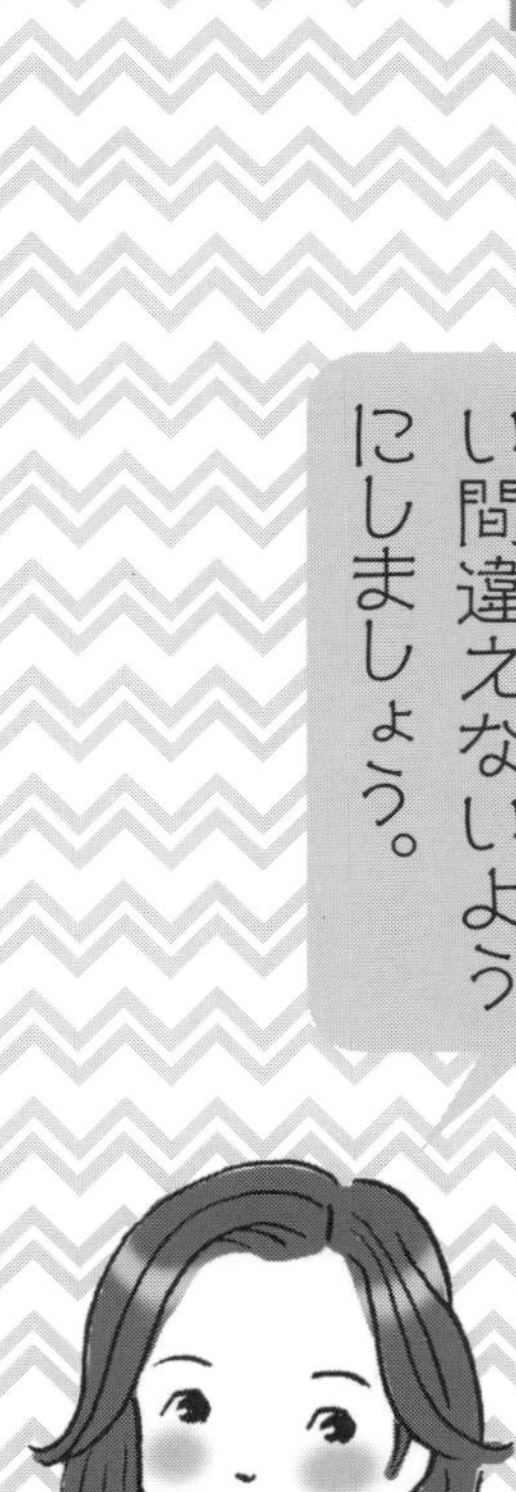

141

タガログ語
カタログを語る彼ら

MEMO

［タガログ語］フィリピンの主要な言語

142

どどっととは
徐々にじゃない

143

燕つまめる燕つまめぬ

POINT

ツバメッツバメルにならないように
マを意識して。また、ツマメルとツ
マメヌのルとヌの
違いがわかるよう
に気をつけて発音
しましょう。

144

建物の延べ床面積と
容積率算出

145

食べて建てて
建てて食べて
てんてこまい

146

つつじ咲く
四辻は辻違いだった

147

ただただ
取り沙汰されるだけで
たじたじ

148

たっぷり
モッツァレラチーズで
もたれた胃

149

灘の棚田
奈良の棚田

150

中田君のカナダでの
ただならぬ事態

151

なにとぞ覗かず
覗かせずそのままで

POINT

ナカダとカナダ、ナダとナラ、ニクヤクとヤキニクなど似ていて紛らわしいですね。勢いで言わず、息を吸って落ち着いて。(P75・109参照)

152

何なのだ
長野なのだ
信濃なのだ

153

客肉焼く焼肉屋

154

稲わらでなう
長縄で大縄跳び

しっかり滑舌練習
しておけば人前で
話す本番でも安心
ですね。

155

カナダの名だたる
リゾートエリア

156

本番に臨めば
覚悟決まる

## 世界の地名から

157

フロリダ州　マサチュー
セッツ州　コネティカッ
ト州の旅客機ツアー

158

ジブラルタル海峡カタリ
ナ海峡など7海峡遠泳横
断チャレンジ

159

ベルギーブリュッセルの
グランプラスもドイツの
ノイシュヴァンシュタイ
ン城もビューティフル！

160

サファリ体験ならタンザ
ニアのンゴロンゴロ保全
地域とセレンゲティ国立
公園はいかが？

みなさんが、海外で行ってみたい場所はどこですか？

## クラシック名曲紹介

161

リヒャルト・シュトラウス交響詩ツァラトゥストラはかく語りき

162

ドヴォルザーク交響曲第９番新世界

163

ベルリオーズラコッツィ行進曲

164

ロドリーゴアランフェス協奏曲

165

陰の籠はカモの籠か
カメの籠か

166

すご腕素潜り組

167

傘とかパジャマとか
格安で買ったよ

168

神のご加護だ！と
感激の面持ちの茂木《モギ》君

POINT

素潜り組や悲喜こもごもなどマ行とガ行が並ぶと発音がもごもごしがち。口を動かしてはっきり言いましょう。

169
海藻やゴミで
カモフラージュ
モクズショイ

170
グミ噛みグミのみ込む

MEMO
［モクズショイ］海藻やゴミを体に付けて擬装する海のカニ

171
振り返れば
悲喜こもごもの一年

172
矢作川右側の
家々の縁側

MEMO
［矢作川］ヤハギガワ。愛知県中部を流れる川の名前

173

お猿に押されておしゃれ台無し

175

新商品新倉庫即売会

174

女装について述べた序章

POINT

新商品新倉庫即売会は漢字が並んでいる上にサ行の音もたくさん！新商品の新倉庫での即売会と解釈すると言いやすくなります。

176
赤坂の
浅はかな傘泥棒

177
希少秘蔵映像

178
塾講師
みみずく塾で募集中

179
端の派出所へ走る

180
お座敷閉ざして
ゴザ敷く登山者

フレーズを楽しんで！気持ちが明るくなると声も明るくなりますね。

181

はるばる
エルサルバドル

MEMO
［エルサルバドル］中米の太平洋岸の国の名前

182

マグロトロと
とろろライスに
よだれしたたる

183

給料でのやりくり苦慮

187

白ブラウス
黒ブラウス
フリルブラウス

184

ムチムチの人気者が
持ち歩く丸首かぶり物

185

お宝ばかりの
バグパイプパビリオン

MEMO

［バグパイプ］スコットランドの伝統楽器

188

一律6パーセントの利率

186

隣の鳥捕る猟師
通り通る理容師

POINT

速く言うときにも「通り通る理容師」はトーリトールリヨーシと長音「ー」をしっかり伸ばしましょう。伸ばさないと「鳥捕る猟師」と聞こえてしまいます。

189

無観客で
無感覚でいられるか

190

鏡餅飾る鏡張り部屋

191

子ガモの目
子ガメの目
カモメの目のメモ

192

取っ手取ってきて
取っ手取っていって
もっと持って来て
もっと持っていってって
はっきり言ってって

POINT

取っ手を「取ってきて」なのか「取っていって」なのか。意味を考えながら言いましょう。頭の体操にもなりますね。

193

小守困り
小守拒む小松さん

194

煮貝　煮穴子
煮こごり
二か月ぶりにご機嫌

195

豆ついばむモズ
籾ついばむモズ

196

ほぼほぼ
ホホバオイルと
幅広解釈

MEMO

「ホホバオイル」美容に良いと言われる天然オイルの一つ

197

雨模様でも潜れる
富戸《フト》ヨコバマ
ダイビング

MEMO

［富戸ヨコバマ］伊豆半島にあるダイビングスポット

198

飲め飲め梅の実の
果実ジュース

199

ややややや
アユがうようよ
泳いでる

POINT

「ややややや」はヤを5回発音。「ヤー」にならないようにはっきり発音しましょう。

# レベル★★

200

遠州灘の
いなだなど生魚《ナマザカナ》

201

これより小料理屋へ
繰り出そう

202

バナナ77
7本ずつで何袋？

203

客車に
かくしゃくとした
客隠れる

204

朝から語る
アルカトラズ

MEMO

［アルカトラズ］サンフランシスコ湾内にある島の名前

205
七か月半ぶりの
取引き価格の下落

206
花束を肌身離さず
花火見る

207
早速長寿調査チームを
招集しよう

208
大家より親を敬う

POINT

ヤ行を意識することは少ないと思いますが、意外に滑舌が甘くなりがちです。「大家より親を敬う」はヤ行に気を付けて言いましょう。

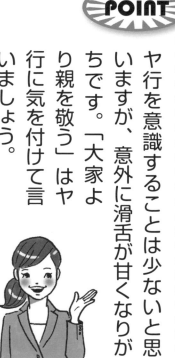

209

大盛り並盛り小盛りの
竹籠盛り

210

戸棚のなた豆
ただのなた豆

211

ラクダの鞍だ
栗色の鞍だ
ラクダにだらりと
載せられた鞍だ

212

手もみで揉みほぐす
肩の揉み方

213

カギで抜けぬ釘
釘で抜けぬカギ

内容を想像して、楽しくリズミカルに言ってみましょう。

214
目指せ！ 滑舌達人

215
老若男女にコンニャク何個？

216
質実剛健な執事の史実調査

POINT

「滑舌達人」をスムーズに言って達人を目指しましょう。

## 109 から 216 全てのフレーズをクリアした貴方へ

## レベル★★ 全フレーズ達成記念

おめでとうございます！
これは、貴方のたゆまぬ努力の賜物です。記念に、右の『王冠』をプレゼントいたします。
滑舌レベル☆☆マスターとして、これからもはきはきと確実な発音を心がけてください。

# 似ている単語が並んでいたら要注意！

見ただけだと簡単に言えそう。
ところが、しっかり声を出しはっきり言おうとすると、意外に難しいのが似ている単語が並んだフレーズ！
速く言おうとするほど言い間違えてしまいがちです。

例えば

**釣れぬ釣り　釣れる釣り　つられてつるんだ釣り仲間**

下線部が

ツレヌ　ツリ　ツレヌ　ツリ……　　になってしまったり
ツレル　ツリ　ツレル　ツリ……　　になってしまったり……。

「もう、釣れるのか釣れないのかわからない！」との声が聞こえてきそうです。
頭が混乱しないように、そして、口がスムーズに動いてくれるように、工夫が必要です。

似ている単語が並んでいるなと思ったら、（1）（2）（3）を実行。

**（1）似ていて間違えそうな部分をチェック、原稿に印をつけてもＯＫ。**
**（2）発音の違いに気を付けて（1）の部分を声に出す。**
**（3）単語の意味を確認しながら、フレーズ全体を言う。**

勢いを付けて一気に言おうとせずに、違いに気を付けて慎重に言いましょう。

### 日常に応用

似ている言葉は、はっきり言わないと聞き手が誤解したまま話が進んでしまうことにもなりかねません。練習フレーズに出てくる「醸造酒」と「醸造酢」なども会話に突然出てきたら聞き間違えそうです。紛らわしい言葉を話すときは、念を押すように少しゆっくり言うとわかりやすくなります。

# わからない言葉に要注意！

「あれっ？この言葉知らないな。何だろう？」
こんな疑問を持ちながら声に出すと、言い間違えやすくなります。

例えば

**トリニダード・トバゴへ飛ぶ**

「トリニダード・トバゴって地名？どこ？」
そもそもトリニダード・トバゴが言いにくい上に、何だかわからないのですから、ますます口が回らなくなってしまいます。

まずは、心配事をなくすことが必要です。
もしも原稿にわからない言葉があったら

**（1）事前に言葉の意味を調べて理解した上で、文字をよく見て発音する**

**（2）何も考えずにとにかく繰り返し発音して言えるようにする**

**おすすめは（1）の方法です。**

理解してイメージできれば違和感なく声に出せるようになります。あとは文字をよく見てスムーズに言えるようにします。

（2）は、言葉を言うことだけが目的のとき、やむを得ない場合の応急処置のようなものです。

**日常に応用**

仕事や会合などで、他の人が書いた原稿を読む場合には、わからない言葉や内容は調べたり尋ねたりして理解しておきましょう。その上で、場合によっては、原稿をわかりやすく直しても。

**理解できているからこそ、言い間違えることがなくなり、聞き手に内容が伝わる**のです。事前の準備を惜しまないようにしましょう。

# 小さい「ャ　ュ　ョ」は要注意！

小さい「ャ　ュ　ョ」の入った言葉は、突然出てきても、連続して出てきても言いにくいですね。きちんと言ったつもりが聞き取ってもらえていなかったなんてことも…。

例えば

**佐渡の斜度３度の坂**

下線部が、　×　サド　ノ　サド　……となったり
　　　　　　×　シャドノのシャド……となったり

発音しにくく、滑舌が曖昧になりやすいですね。はっきり言えているかどうか自分でわからないという人も多いのではないでしょうか。

小さい「ャ　ュ　ョ」の含まれた音を整理して、発音の練習をしておきましょう。

キャ　キュ　キョ
シャ　シュ　ショ
チャ　チュ　チョ
ニャ　ニュ　ニョ
ヒャ　ヒュ　ヒョ
ミャ　ミュ　ミョ
リャ　リュ　リョ

ギャ　ギュ　ギョ
ジャ　ジュ　ジョ
ビャ　ビュ　ビョ
ピャ　ピュ　ピョ

**（１）自分の声をよく聞きながら、はっきり発音。**
**（２）滑らかに言うためにはコツコツ繰り返し練習を。**
**（３）苦手部分は他よりも回数を増やして念入りに。**

慌てずに、丁寧に発音することが大切です。
さらに、本書で「ャ　ュ　ョ」の含まれたフレーズに慣れて、自信を持って日常の『読む』『話す』を楽しみましょう。

# 苦手意識は足を引っ張る

私の受講生の皆さんの**発音苦手第一位は、**
**サ行（サシスセソ）のたくさん入った言葉！**

例えば

施術室隣で手術準備指示

次いで、カ行！　タ行！　ラ行！
その他もハッキリ言おうとすると意外に言いにくい！
濁点や小さい「ャ　ュ　ョ」が混ざると……もう大変！！
これらは大雑把な傾向です。「言いにくい」には個人差があります。

皆さんが苦手なのはどんな発音ですか？

**「これ苦手、嫌だ！」と思う苦手意識は、滑舌を悪くします。**
緊張して口が動きにくくなり……うつむいて声が届きにくくなり……、
苦手が気になり言えるはずの言葉まで言い間違えてしまうなんてことも。

ここで提案です。

## 苦手と友達になりませんか？

苦手だと感じる部分は、「ダメだ」ではなく
「ここを練習すればうまくなるよ」と教えてくれているのかも。

**「言いにくい」と感じたら、何度も言ってみましょう。**
たくさん時間をとらなくても

**歩きながら…お風呂で…気分転換に…**
遠回りのようで、滑舌上達の近道です。

ウォーミングアップ

# 口の筋トレ

①しっかり声を出し口を動かして、一音ずつはっきり発音しましょう。
②一息で、8回以上繰り返してみましょう。

シュリュシュリュ　シュリュシュリュ　シュリュシュリュ……（繰り返す）
チャチョチャチョ　チャチョチャチョ　チャチョチャチョ……（繰り返す）
ニャニュニャニュ　ニャニュニャニュ　ニャニュニャニュ……（繰り返す）
ラリュラリュ　ラリュラリュ　ラリュラリュ……（繰り返す）
ミャクマク　ミャクマク　ミャクマク……（繰り返す）
キャクカキ　キャクカキ　キャクカキ……（繰り返す）

ウォーミングアップ

# 口の筋トレ

カキョケキョ　カキョケキョ　カキョケキョ……

ショソソショ　ショソソショ　ショソソショ……

サショシャショ　サショシャショ　サショシャショ……

チョシャトサ　チョシャトサ　チョシャトサ……

ノモニョモ　ノモニョモ　ノモニョモ……

リョクリャク　リョクリャク　リョクリャク……

発音するときに使う口の周りや口の中などの筋肉を鍛えて、動きやすくし、滑舌力を上げましょう！

# レベル★★★

～みんなの苦手を克服！～

## 好きなページを開けて
## 好きなフレーズから
## さあ、始めましょう！

☆☆☆へようこそ！　ここには、小さい「ャュョ」の含まれた言葉がたくさん！　しかも、サ行とシャ行、ラ行とリャ行などの発音が似ていて紛らわしい言葉が次々に出てくる。プロでも油断すると噛んでしまいそうなフレーズばかり！『滑舌攻略＋プロ技』を活用し、苦手と友達になって、この難関を乗り越えましょう。

練習方法

①声を出してゆっくり正確に言いましょう。

②少しずつ速くして、一息で言いましょう。

③一つのフレーズを続けて３回繰り返しましょう。

（各レベルのおしまいにあるコラムページも参考にしてくださいね。）

各フレーズには３つのチェック欄□□□があります。

①が出来たらチェック欄に１つ○を入れましょう。

②が出来たら２つ目の○を。

③にもチャレンジして、○を３つ揃えてくださいね。

**○が全て揃った方には、王冠を授与！**

**（☆☆☆レベル最終ページ）**

217

熟女だじょ

218

それは装置故障で
濃そうな
コショウスープだ

219

写実主義者の主張

220

略が楽だから略だらけ

221

故郷の田《タ》子《ゴ》漁港
漁協倉庫

POINT

短いのに言いにくい「熟女だじょ」。レベル☆☆☆も、ハッキリ滑らかに言えるように、楽しみながら練習してくださいね。

222
収穫量の集客力への影響

223
顧客獲得数比較表

「できない！」ではなく「できる！」と思って臨みましょう。

224
出世した山村出身シャンソン歌手

225
師走の師匠の疾走に失笑する思想家

226
ようこそリオデジャネイロ旅行！

227
顕著な貯水量減少

228
大好評の第五交響曲を高校で演奏

POINT

難易度が上がってきましたね。つかえないことだけではなく、明るい声ではっきり丁寧な発音を心掛けましょう。

229
首相が支社長社長を誘う

230
収集資料は観光客数突出の数週間分

231
草書で綴られた証書類

232
射撃3選手壮行会

自分の声に意識を向けて聞きながら言ってみましょう。

233

車窓ごしの査証持つ
車掌

234

他社様の社債の詳細

235

施術室隣で
手術準備指示

POINT

小さい「ャュョ」の入った言葉とそれに似た言葉が並んでいます。まずは言葉をよく確認！頭を整理してから声に出すと言いやすくなります。

236
麻さん朝シャンで
朝しゃんとした

237
批評に支障を与える
主将の発言

238
始終故障者続出とは
顰蹙《ヒンシュク》

239
事情は重々承知で
ずうずうしく
十数億円要求

240
現場は倉庫そば焼却炉

241
就職は商社総合職

242
不摂生は喉などに如実に表れるので自粛決心

243
熟練技術者が一人ずつ実演

244
結婚協奏曲の演奏者紹介

POINT

間違えずに言えるようになってきたら、正確にはっきり、一定のはやさで言えるようにしましょう。

245
学術的には
安土時代と推測

246
素粒子論語る主流派

MEMO
［素粒子］ソリューシ。物理学の言葉。

247
小生の総選挙勝利戦略

248
素数は言えても
蔵書数言えずじまい

MEMO
［素数］ソスー。数学の言葉。

249
技量と気力で記録更新
百戦錬磨の作戦

250
老舗の京料理功労者は
総料理長

251
知られざる美術品に
魅了される

252
結局急遽許可した
関係省庁局長級会議
開催

253
超強力吸着力の吸盤

POINT

漢字が多い文は、文字を見るだけでも大変。口が回らなくなる原因でもあります。振り仮名をふったり意味を捉えるなど工夫して。（P41参照）

# レベル ★★★

254

客たち脚立担ぐ

255

高架橋脚工事計画

256

国別漁法別漁獲状況比較グラフ

頑張りすぎて険しい顔になっていませんか?深呼吸をして明るい表情で臨みましょう。

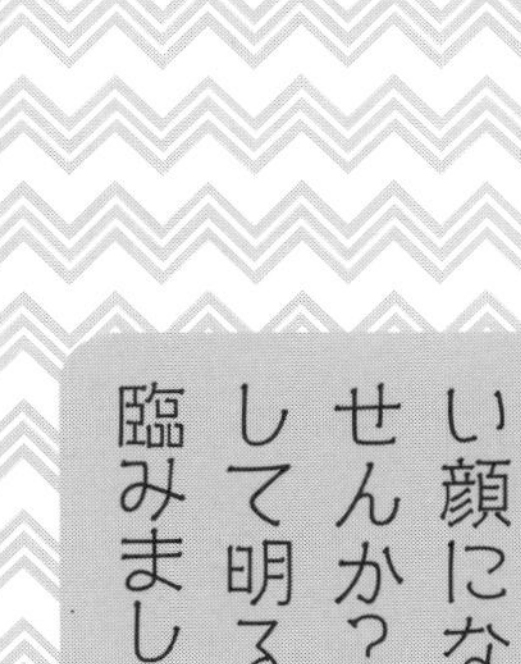

257

人魚と天女の微妙な関係

258

富岡製糸場の西置繭所《ニシオキマユジョ》や東置繭所《ヒガシオキマユジョ》

259

前山の家より八重山の絵が良い

POINT

ア行とヤ行は発音が曖昧になりがちです。意識して口を動かしてはっきり発音するようにしましょう。

# レベル★★★

260
湯殿のゆたか君の
浴衣姿

261
笑いあえる
与えあえる相手

262
容易に団円が言えない
大団円

263
いやいや居合いやるな
気合いで居合いやる
余裕

264
弥生の宵闇湯屋への道

MEMO
［大団円］　ダイダンエン。
小説や劇などで、めでたく
収まる最後の場面のこと。

## カタカナだらけにトライ

265
ヴォーカル志望のヴァイオリニストがヴォイスレコーダー片手にヴォイストレーニング

266
キュートなキュロットスカート姿でキャリーバッグを持つキャリアアップスクールステゥーデント

言いにくい言葉は部分練習。フレーズの意味を捉えて、まずはゆっくりから。

267
ミュール履いてミャンマーのミュージアム巡り

268
テレビプログラムのチーフディレクターとエグゼクティブプロデューサーが、プロジェクター付きメインカンファレンスルームでミーティング中

## カタカナだらけにトライ

269
ファンサーファーがフィアンセと、カフェでサイフォンコーヒー飲みヒューマニズムを語るカリフォルニアフォスターシティ

270
ビューティーサロンでメーキャップし、インヴィテーションカードで行ったビュッフェパーティーはデリシャス

271
ヴァイスプレジデントとハイパーメディアクリエーターとストラテジストがディスカッション

272
ショーウィンドーにはディジタルシステムでライティングされたティラノサウルスのデコレーションがあった

273

にやにやニラ煮りゃ
こりゃ旨い

274

緑色凝灰岩《リョクショクギョーカイガン》好き
岩石マニア

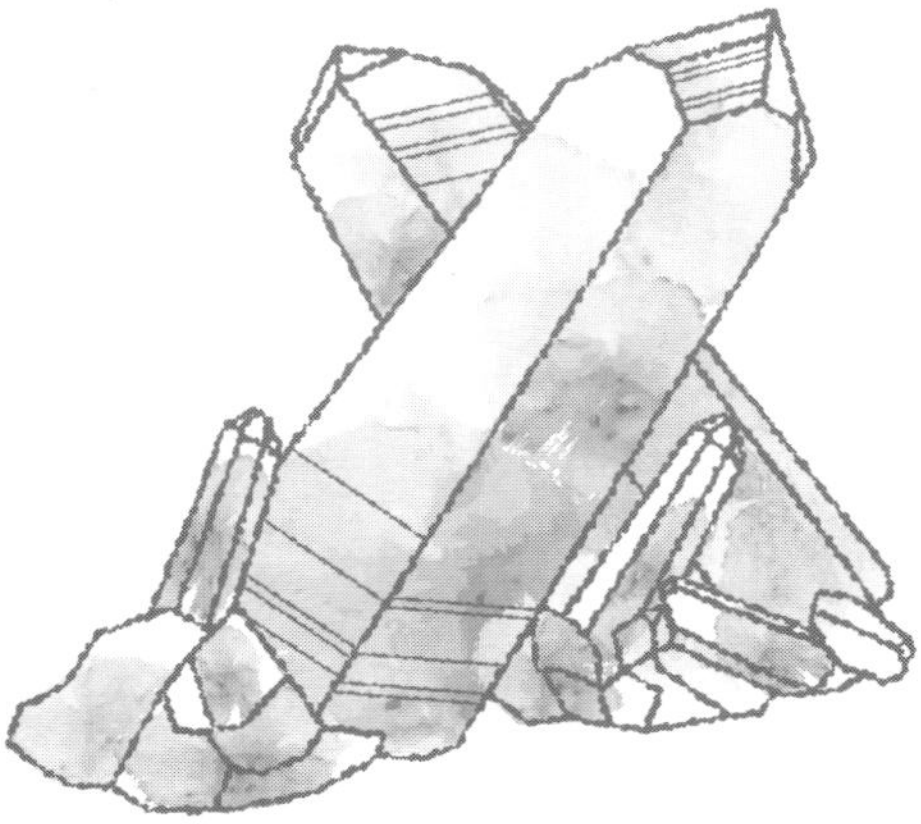

275

小宮山君は
コミュ力《リョク》自慢

276

セルフサービスで
鶏そぼろ取りそびれる

カタカナ語が混ざっているだけで戸惑ってしまう人も多いのでは。ドキッとしても慌てずに文字をよく見て慎重に言うことが大切です。

# レベル ★★★

277
ゴールデンウィーク行楽客攻略法

278
ニトロセルロースなどからセルロイド合成

279
ドナルドコロラド川を行く

280
今期カリキュラム強化につき微力ながら尽力します

皆さんも滑舌力《リョク》を上げコミュ力《リョク》（コミュニケーション力《リョク》）をつけましょう。

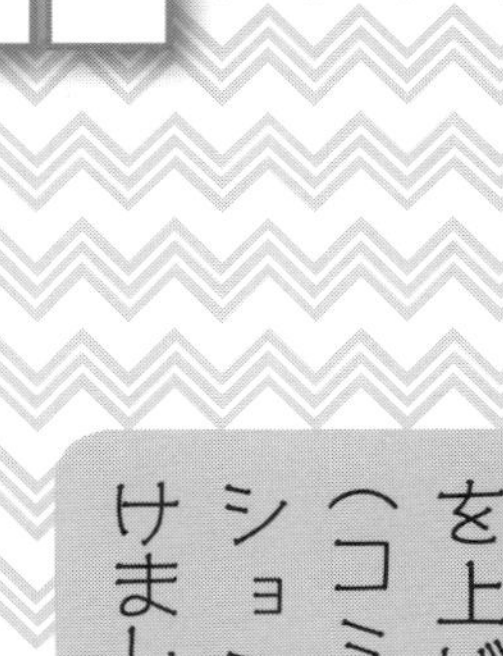

281

ピッチャーしょっちゅう
速球　キャッチャー
きっちりキャッチと
実力派選手揃い

282

千歳支所所長の
切実な願いとは？

283

修行僧が操作する
高所作業車

長い文は意味の切れ目で少し間をあけると言いやすくなります。でも気を抜くと最後でつかえてしまうので気を付けて！

# レベル ★★★

284
秘書の私費書籍購入

285
3車種同時デビュー

286
全社総力結集
プロジェクト

287
商船の造船所へ
乗船者招待

288
豪華コケモモの掛物

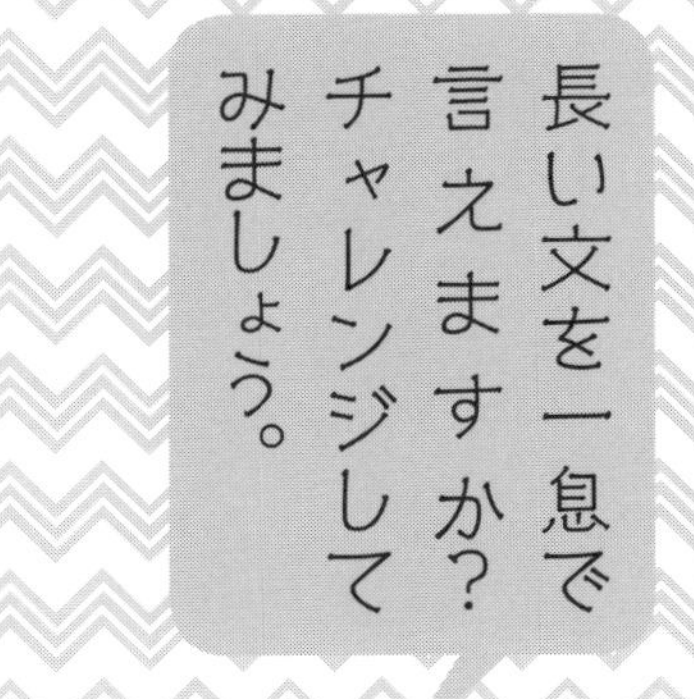
長い文を一息で
言えますか?
チャレンジして
みましょう。

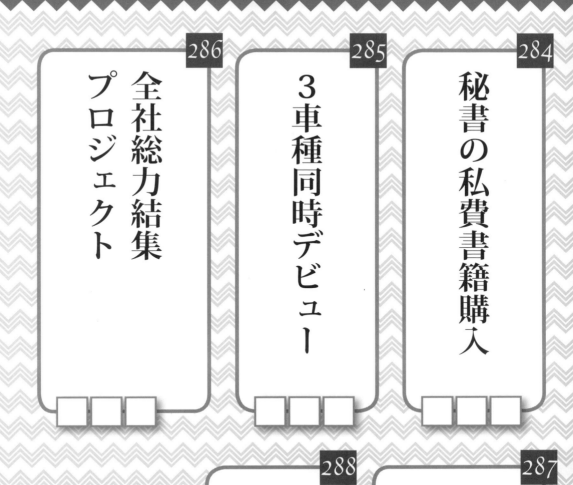

289

美唄の美摩女の備忘録

MEMO

［美唄］ビバイ。北海道中央部にある市の名前

290

真鴨真鯉マムシが見られる真水の湖右側エリア

291

補修数量終了報告

292

北北西か北北東か奥《オク》穂《ホ》高《タカ》岳《ダケ》の方角を測る

POINT

ハ行は息の調節を工夫して。バ行パ行マ行は唇を素早くしっかり動かして発音しましょう。バマパ…と続けて一息で8回言えますか?

293
ビジュアルアートの
美術的価値

294
佐賀の我が孫が
身ごもる

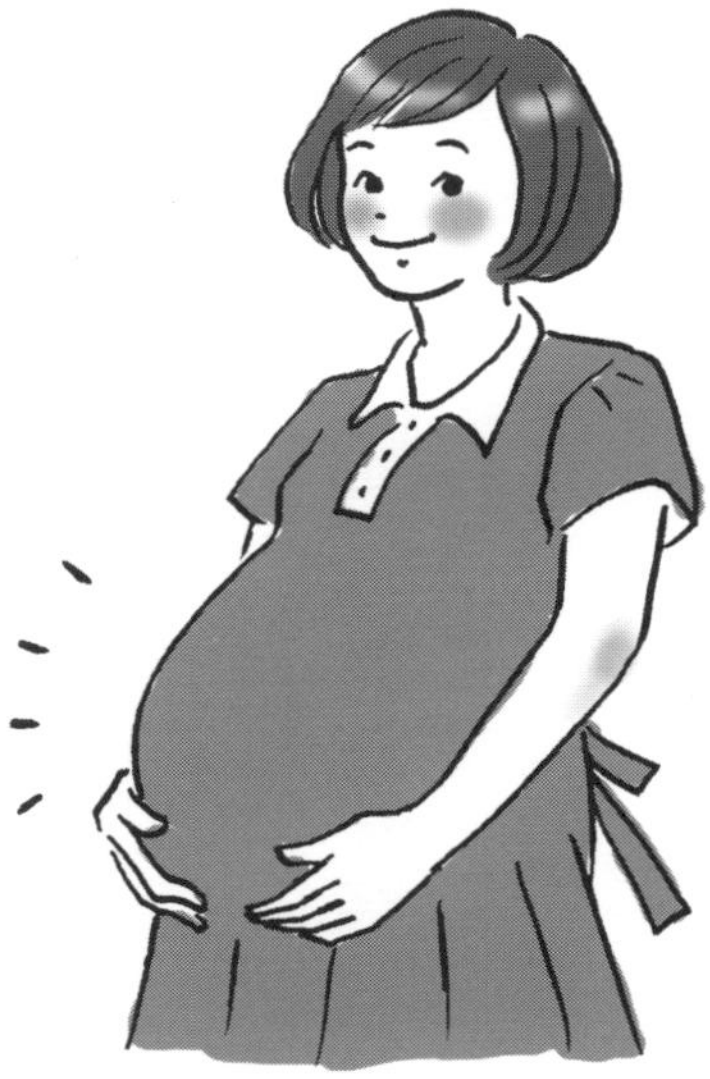

295
発想はファッション
写真の表紙がヒント
という商品包装

296
パナマ ハバナ
ババハマ 初訪問

MEMO
［パナマ］中米にある国の名前。
［ハバナ］キューバ共和国の首都。
［バハマ］西インド諸島北部にある国の名前。

297

盾立てて竹立てて
蛸食べた

298

未就学児の聴力検査表

299

突撃直撃だと
意気込むものの
まごまごうろうろ

300

即日出発
トルコ共和国トラベル
プレゼントに
びっくり

**POINT**

勢いをつけて一気に言おうとすると発音が曖昧になったり言い間違えたりしがちです。一つ一つ言葉を確認するように声に出しましょう。

301
佐渡の斜度3度の坂

302
ゴルバチョフ書記長
似の直属上司

303
長寿長者様

304
支持者増加
支持率上昇
不支持率低下と
調査書に記載済み

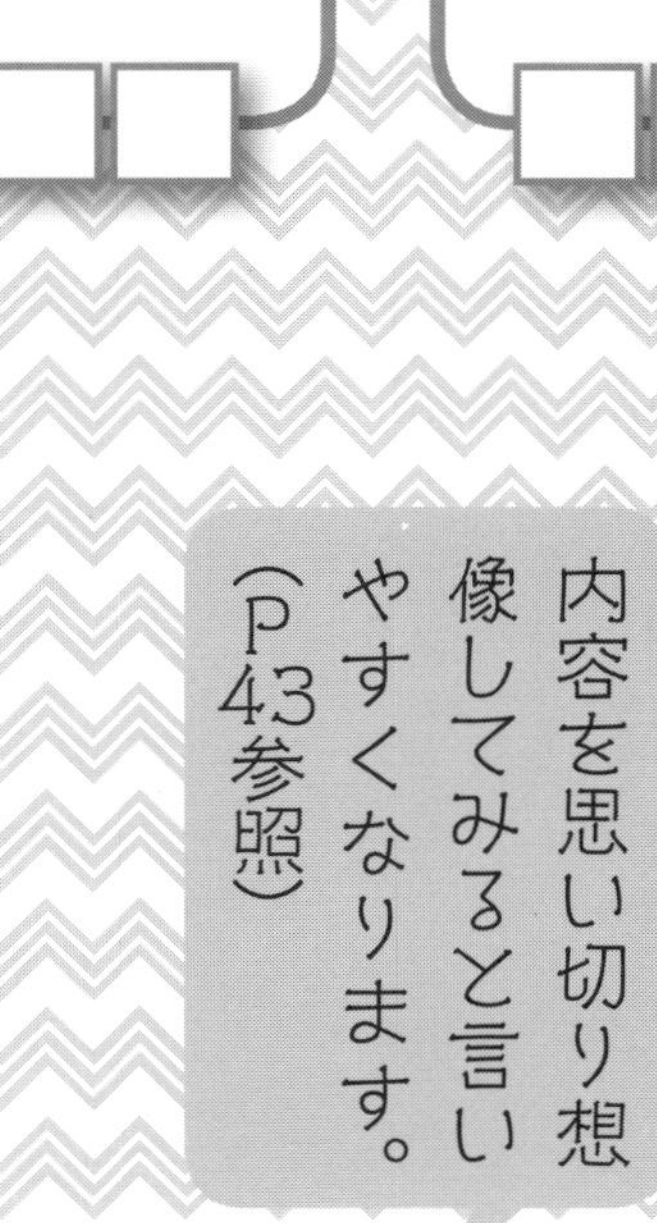
内容を思い切り想像してみると言いやすくなります。(P43参照)

305

ミロの魅力
弥勒《ミロク》の魅力

MEMO

［ミロ］スペインの画家。
［弥勒］弥勒菩薩。

306

リヤカーで
借りられるだけ
借りること！

307

悪びれず媚びる

308

路上駐車で
旅情台無し！
そうじゃろそうじゃろ

POINT

ラ行の多いフレーズで舌がもつれてしまいそうになったら、腹式呼吸でゆったり呼吸をして体の余分な力を抜き、舌もリラックスさせましょう。

309

黒ラベルはプロレベル

310

作りたくなるぶりレシピ6種

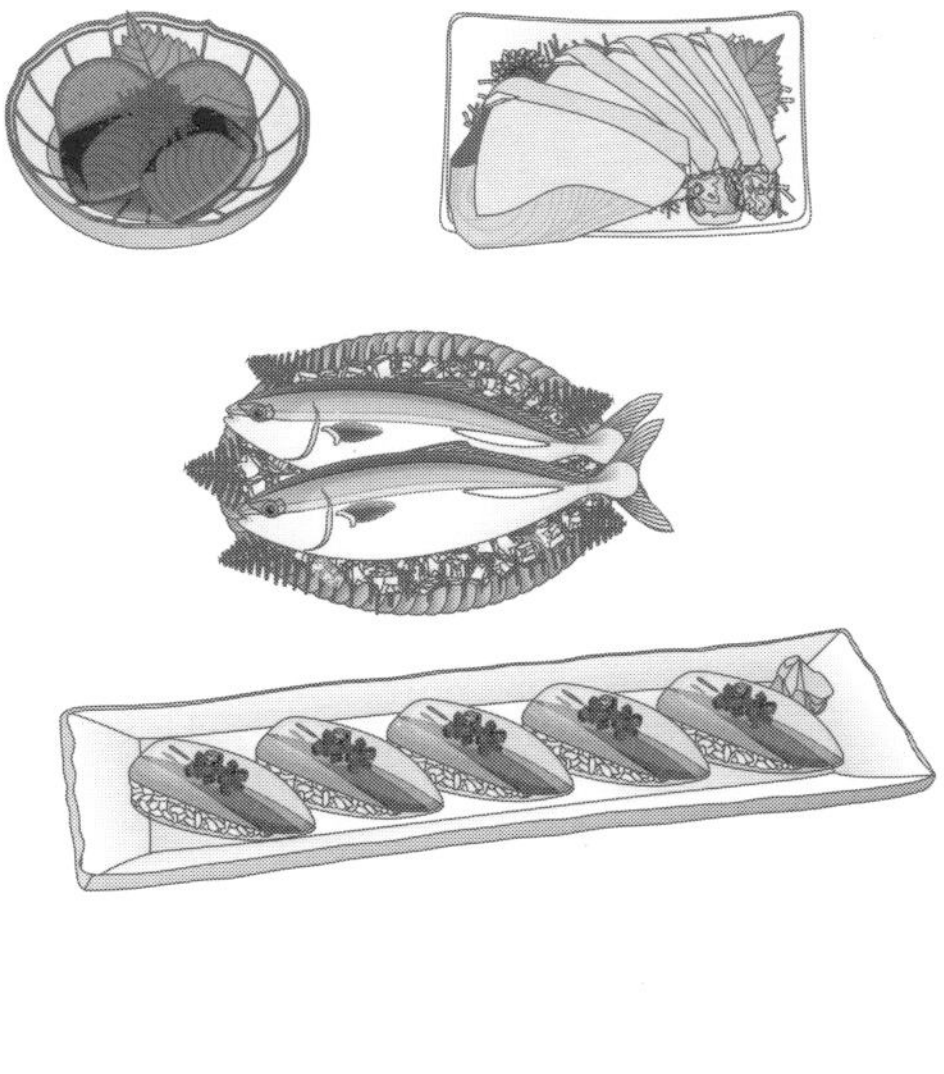

311

フルコースとクレームブリュレで満腹

312

籠球《ローキュー》選手寮利用料一覧

MEMO

［籠球］ローキュー。バスケットボールのこと。

313
秘策を講じて
柄杓百尺速く並べる

314
お酌してから
お百度参り

315
消費者庁消費者政策課
と消費者調査課

316
乗馬上手がこのまま
馬場馬術出場か？

POINT

サ行シャ行は多くの人が苦手だと言います。「出来ないのは私だけ」とうつむかずに、顔を上げて前向きな気持ちでチャレンジしてくださいね。

317

腹巻にバッタ八匹
はっぴに百匹
バッタ版画した

318

デューティーフリーで
ルージュ調達

MEMO

[デューティーフリー]
関税がかからないこと

319

就活性の生活習慣
調査表修正

320

創業100年の
商業施設誕生感謝祭

POINT

口が回らなかったときに放っておくかおかないかで将来大きな差が出てきます。言いにくかったフレーズは、日常いつでも思いだしたら声に出してみましょう。

321 操車場から朝貨車発車

322 伯爵尺八吹きハクションン連発

323 脈絡と策略が欠落

324 新設市場施設視察

練習の成果は、少しずつ日常に出てきます。希望を持っていきましょう。

## 217 から 324 全てのフレーズをクリアした貴方へ

## レベル★★★ 全フレーズ達成記念

おめでとうございます！
これは、貴方のたゆまぬ努力の賜物です。記念に、右の『王冠』をプレゼントいたします。
滑舌レベル☆☆☆マスターとして、これからもプロ並みに明瞭な発音を心掛けてください。

# 息を吸ってから話す！ 簡単＆効果大

みなさんは、人前で話すとき、しっかり息を吸ってから話し始めていますか？
当たり前！と思う反面、**よくよく振り返ってみるとあまり吸っていなかったかも……？**
という人も多いのではないでしょうか。

自分の番が来てドキドキしてそのまま話し始めると、しっかり息を吸うことを忘れてしまいがちです。呼吸が安定しない中で話し続けるのですから、気持ちも落ち着きません。

すると、普段言える言葉が言えなくなったり、もごもごと滑舌が甘くなったり、つかえてしまったり。更に、長く話すと喉が痛くなったり、息が苦しくなると感じる人もいます。

人前で話すときには

**（1）第一声を出す前にしっかり息を吸う。**
**（2）少し前から、良い姿勢で腹式呼吸を意識しておくとベター。（P．6～7参照）**
**（3）話し始めを少しゆっくり話すようにすると落ち着く。**

## 日常に応用

話したいことがたくさんあったり緊張していたりすると、急いで話し始めてしまいがちです。これだと自分が話しにくいだけでなく、聞き取りにくくもなってしまいます。相手にしっかり聞く耳を持ってもらえるように、明るい表情で姿勢よく視線を上げて、⑴⑵⑶で丁寧に前の人に声を届けましょう。落ち着いた良い印象にもつながります。

# 短い文でしっかり伝える

会合での発表やスピーチをする場面で、
「〜ですけれども……」「〜でして……」と話がつながり、なかなか一つの文が終わらない人がいます。

口癖で「〜けれども……」と言ってしまう人や、あがって文が長くなってしまう人のほかに、一つの文に情報がたくさん入っていた方が良いのではとわざわざ文を長くする人もいます。

ところが、**一つの文が長いと、聞いたときに内容がわかりにくくなってしまう**のです。

話し手自身も、途中でつかえてしまったり、同じことを何度も言ったり、長く話し過ぎて終われなくなってしまったりと、大変なことに！自分が何を話したいのかがわからなくなってしまう困った事態です。

話すときには、**聞いてわかりやすく！**

話し手も**話しやすく！**

だらだらと長い文で話さずに、なるべく**短い文で話す**のがおすすめです。
**『一つの文に一つの意味』**の意識で話してみましょう。

**日常に応用**

日常会話でも、大勢の前でのスピーチやプレゼンでも、『何がどうした』を自分でしっかり把握できる程度の短い文を重ねて話すようにするのです。自分の中で内容を整理しやすくなるのですから、つかえたり言い間違えたりもしにくくなりますね。聞き手も内容を理解しやすくなります。
さらに話にメリハリも出てきます。これに慣れて自然な表情が出てくれば、ぐんと話が伝わりやすくなります。

# やさしく話せば理解しやすい

人前で話すときに、馴染みのない難しい熟語や言い回しを使ってしまうことはありませんか？

自分はわからなくても、聞いている人はわかるだろうと無理をしてしまうことも。

話し方が不自然になる上に、言い間違えたり、気持ちのこもらない話し方になり、内容が伝わりにくくなってしまいます。

自分がわからないものは、人にも伝えられないのです。

難しい言葉を並べるのではなく、**やさしい言葉で話す**ことを心掛けましょう。

例えば　**熟語をやさしい言葉に置き換えてみると…**

難解　⇒　難しい
平易　⇒　やさしい

「難解、平易」よりも「難しい、やさしい」の方が、聞いたときにすぐにわかりますね。その上、言いやすくもなります。

言葉を選ぶときに「聞いただけですぐにわかるかな？」とチェックしてみましょう。

話して伝えるのですから、**相手が聞いてすぐにわかる、自分が無理なく言える**ことが大切です。
話す場面や相手など状況を考えて、使う言葉を工夫しましょう。

また言葉だけではなく、**難しい内容をやさしく話す**ように心がけると、聞き手は理解しやすくなります。話す内容のポイントを捉え、整理してやさしく話してみましょう。

# 間(ま)をとってコミュニケーション上手に！

話しているとどんどん速くなってしまう…というお悩みはありませんか？
速く話した方がスラスラと良い話し方をしていると思っている人もいますね。

いずれにしても、次々と速く話すと、聞き取りにくく、内容が伝わりにくくなってしまいます。速いのですから、言い間違えたり、つかえてしまうことも多くなります。

話すときには、**間をとりながら話しましょう。**

一つの話題が終わって次の話題へ行くときはもちろん、聞き手に何かを問いかけたときなど、話の展開に合わせて必要な間をとります。

少しでも間が空くと「つかえたと思われるのではないか？」などと心配する人も多いのですが、決してそんなことはありません。

むしろ、間があった方が、聞き手が頷いたり確認する時間にもなり、**親切でわかりやすくなるのです。**

聞き手の**頷きを見てから次の言葉を発する**ぐらいの意識で話しましょう。
自分自身も**話しやすく**なり、聞き手との**良いコミュニケーション**も生まれてきます。

間をとっている間に、うつむいてもじもじしたり、視線が泳いでしまうと、自信がないように見えてしまいますので気をつけましょう。

ウォーミングアップ

# 口の筋トレ

①しっかり声を出し口を動かして、一音ずつはっきり発音しましょう。

②一息で、8回以上繰り返してみましょう

バダガジュ　バダガジュ　バダガジュ……（繰り返す）

ジョソジョゾ　ジョソジョゾ　ジョソジョゾ……（繰り返す）

ギリョグリョ　ギリョグリョ　ギリョグリョ……（繰り返す）

パプパク　パプパク　パプパク……（繰り返す）

ツジュツシュ　ツジュツシュ　ツジュツシュ……（繰り返す）

ドリョドロ　ドリョドロ　ドリョドロ……（繰り返す）

ウォーミングアップ

# 口の筋トレ

カラキリクルケレコロ……（繰り返す）

タラチリツルテレトロ……（繰り返す）

ナラニリヌルネレノロ……（繰り返す）

マラミリムルメレモロ……（繰り返す）

パラピリプルペレポロ……（繰り返す）

ザラジリズルゼレゾロ……（繰り返す）

発音するときに使う口の周りや口の中などの筋肉を鍛えて、動きやすくし、滑舌力を上げましょう！

# レベル

～超難関！　あなたは制覇できるかな！？～

## 好きなページを開けて<br>好きなフレーズから<br>さあ、始めましょう！

これまでの集大成です。
漢字が並んでいたら切る。似た発音に注意する。単語の意味を具体的にイメージするなど、〔滑舌攻略＋プロ技〕（P41 ～ 44・P75 ～ 78・P109 ～ 112）を活用して攻略しましょう。

**練習方法**

① 声を出してゆっくり正確に言いましょう。
② 少しずつ速くして、一息で言いましょう。
③ 一つのフレーズを続けて３回繰り返しましょう。
（各レベルのおしまいにあるコラムページも参考にしてくださいね。）

各フレーズには３つのチェック欄□□□があります。
①が出来たらチェック欄に１つ○を入れましょう。
②が出来たら２つ目の○を。
③にもチャレンジして、○を３つ揃えてくださいね。

**○が全て揃った方には、ビッグな王冠を授与！**
**（　レベル最終ページ）**

325

## 言いにくい国、食いにくい肉、抜きにくい杭

POINT

言いにくいのは……国、食いにくいのは……？　頭を整理して

326

## 運動会飛脚競争に脚力鍛えて極力協力

POINT

キャクリョク、キョクリョクの繰り返し練習を

327

## 我が社ソリューション部の書類処理能力

POINT

書類処理がソルイソリにならないように

328

メール発注8通、受注10通

POINT

前につられるとハッチューハッチューに。まずはゆっくりから

329

新興5か国協議を後日教授が講義

POINT

キョーとコーを混同しないように慎重に発音

330

新酒金賞受賞の老舗《シニセ》酒造所《シュゾーショ》

POINT

前半を言えて油断すると最後でシュジョーショになってしまう

新興5か国とは、ブラジル、ロシア、インド、中国、南アフリカ共和国の5か国をいいます。

331

通行中は頭上注意！
樹上注意！

POINT

ズジョーとジュジョーの発音に注意！

332

果実酢好きの
初果実酒作り

POINT

カジッスとカジツシュの違いがわかるようにスとシュに注意

333

指図なくても
数珠と鈴は必需品

POINT

ジュズ、スズ、ヒツジュを丁寧にはっきりと

334
無数の星にギョシャ座
探しがゴチャゴチャだ

POINT
ギョシャジャではなくギョシャザ。ゆっくりから練習を

335
べろレロレロになる
エルニーニョ

POINT
べろレロレロをレロレロにならず軽やかに

336
車輪付きリュージュで
下る乗り物レース

POINT
ストリートリュージュというそうです。ラ行に気をつけて

滑舌練習は、少しずつでも続けることが大切です。リラックスして楽しんでくださいね。

337

卓越した技術でシャクヤク咲く柵作成

POINT

サクが三つも続く！　意味を捉えて混乱しないように

338

彼らの流暢なポルトガル語に惹きつけられる留学生

POINT

レラレラ……を繰り返し言う練習で、舌の動きをよくして

339

指示書代わりに実地指導実施要項を参照してください

POINT

二行目が言いにくければ、初めは実地指導の後に間をとって

340

籾揉む豆揉む籾豆揉む
みんなで籾揉む
豆も揉む

POINT

モミ、マメ、モムをはっきり発音してリズミカルに

341

気楽な顧客も
株価急落なら
笑っていられない

POINT

口を開けるようにすると明瞭に

342

巨匠は居城に
巨象画所蔵

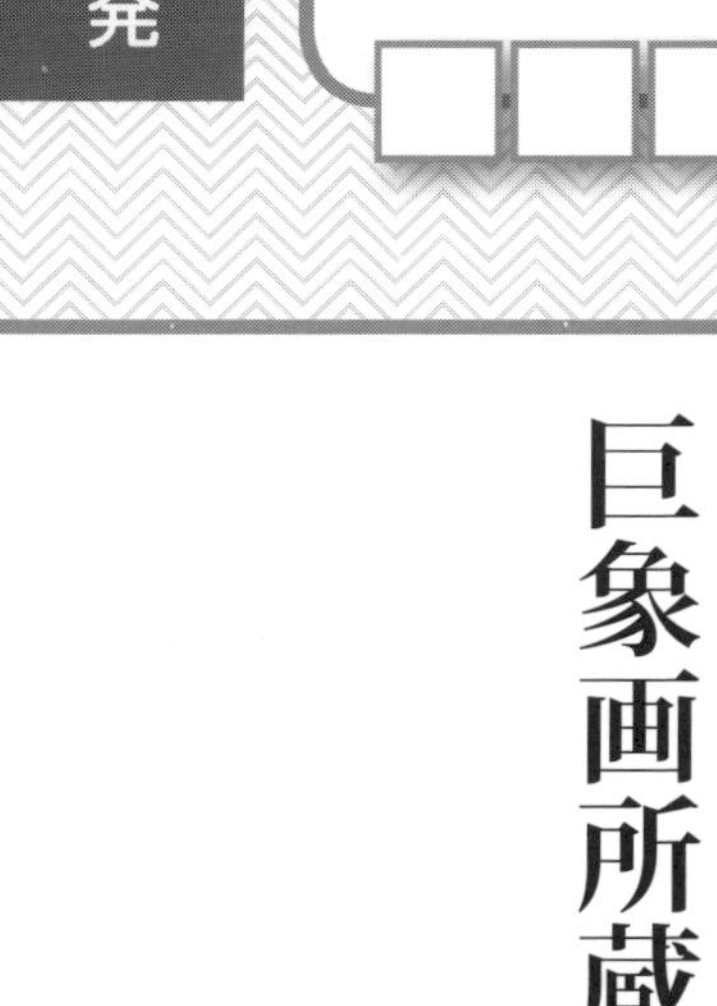

POINT

似ている発音が並ぶが、区別してはっきり発音

私は、滑舌練習で声を出して口を動かしていると、元気になってきます。みなさんはいかがですか？

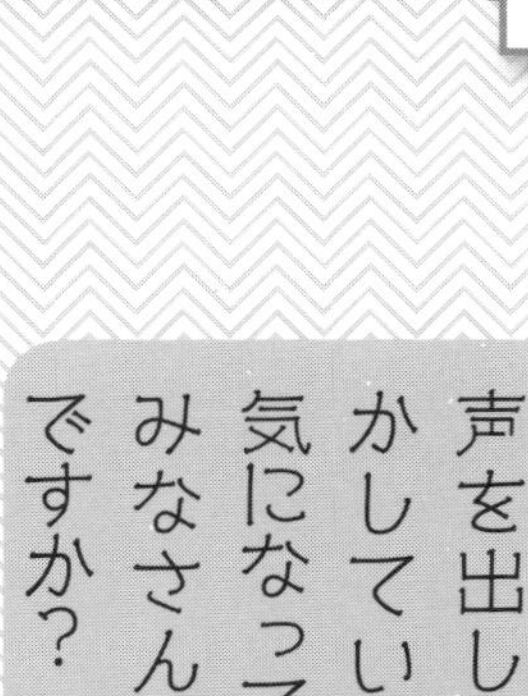

343

新雪積もり圧雪車除雪車初出動

圧雪車　除雪車　初出勤のように少し切ると言いやすい

345

担当局議事録係

POINT

ギジロクがギジリョクにならにように

344

醸造酒醸造酢会社を象徴する創業者像

POINT

ジョーゾーシュとジョーゾースのシュとスの違いをはっきりと

346

緑色新型旅客機
飛行距離公表

POINT

途中でつかえる場合は、初めは単語ごとに切って練習

347

軒下に掛けた柿描き
欠けた柿描き描きかけて
柿食った

POINT

カキが5回、カケが3回も！
内容を想像すると言いやすい

348

突如無秩序状態

POINT

ツジョツジョ……と繰り返し言ってから全体を言うと滑らかに

349

新春書写書道展最優秀書写作品賞受賞祝賀会

POINT

ショシャだけ練習を。全体練習は意味を捉えてゆっくりから

350

確実上達には着実な一歩一歩で実力蓄積！

POINT

この本のタイトルも滑らかに言ってみましょう

## 325 から 350 全てのフレーズをクリアした貴方へ

## レベル ★ 全フレーズ達成記念

おめでとうございます！素晴らしい！

これは、貴方のたゆまぬ努力の賜物です。記念に、右の『王冠』をプレゼントいたします。

滑舌パーフェクトマスターとして、これからも滑舌力の維持に努めるよう期待しています。

ウォーミングアップ

# 口のエクササイズ

①急がずに、全ての音を正確にはっきり発音できることを目指しましょう。
②全体を安定して言えるようになったら、徐々に速くしてみましょう。
③1行を一息で言ってみましょう。出来るようになったら、2行一息、3行一息…とチャレンジしてくださいね。

アエイウエオアオ
カケキクケコカコ
サセシスセソサソ
タテチツテトタト
ナネニヌネノナノ

ハヘヒフヘホハホ
マメミムメモマモ
ヤエイユエヨヤヨ
ラレリルレロラロ
ワエイウエオワオ

1日の始まりにこのエクササイズをするのを習慣にすると、より効果が期待できます。

ウォーミングアップ

# 口の筋トレ

ガゲギグゲゴガゴ
ザゼジズゼゾザゾ
ダデヂヅデドダド
バベビブベボバボ
パペピプペポパポ

☆たまに出会うこんな発音も練習してみましょう。

ウィ　ウェ　ウォ
クァ　クィ　クェ　クォ
スァ　スィ　スェ　スォ

……………………

ツァ　ツィ　ツェ　ツォ
ティ　テュ　トゥ
ファ　フィ　フェ　フォ

# おわりに

様々な滑舌練習フレーズをお楽しみいただけましたでしょうか？

話したり読んだりするときには『わかりやすい』ことがとても大切です。
話し方、読み方、見た目や態度などがわかりやすく、内容や気持ちが伝わってくれば、相手は安心して聞くことができます。好印象にもつながり、もっと聞きたい、また話したい、また会いたいとの気持ちも生まれます。

この『わかりすく』のための重要な要素の一つが、よい滑舌です。
この本との出会いをきっかけに、これからも滑舌力アップを心掛けていただければと思います。

一人で練習しても、仲間とチェックし合っても。楽しんで言ううちに一つのフレーズが言えるようになれば、同様に必ず次のフレーズも言えるようになります。
成功体験が増えていけば自信につながり、コミュニケーション力やスピーチ・プレゼン力も上がっていくことでしょう。

小さな成功体験の積み重ねは大きな力を生む！
毎日少しずつ、好きなフレーズを選んで。これからも、自由に楽しく本書で滑舌練習をし、ご自身を磨き続けていただければ嬉しく思います。

花形　一実

■ 著者プロフィール

花形　一実（はながた　ひとみ）

**フリーランスアナウンサー・**
**話し方&アナウンス講師**

元テレビ静岡（フジテレビ系列）アナウンサー。テレビ、ラジオ番組において、ニュース・情報・科学・経済・娯楽番組などのキャスター、リポーター、司会として様々な現場で活動すること20年以上。番組作りにも深く関わる。

現在、Communication Wingを設立し、一般からプロまでの、話し方やアナウンスの指導に力を入れている。具体的事例や実習をふんだんに取り入れた内容で、企業・自治体・大学・中高校・カルチャースクール・アナウンス学校などでの講師や個人レッスンは好評。

また、ジュニアアナウンサークラブを立ち上げ、子どもたちの指導にも取り組んでいる。

心身面からのアプローチにも着目。健康福祉運動指導者、健康管理士。

著書「東京ワーキングマザーお助けガイド〜妊娠・出産・保育園〜（編著）」「ボケない大人のはきはき滑舌ドリル」（メイツ出版）ほか。

ホームページ http://www.shigotodehanasu.com

【STAFF】
■編集・制作：有限会社イー・プランニング
■デザイン・DTP：小山　弘子
■イラスト：中島　慶子

**会話力があがる　大人のはきはき「滑舌」上達ドリル**
**1日3分言葉の体操で口元・表情・脳を活性化**

2017年 1 月25日　第1版・第1刷発行
2025年 3 月15日　第1版・第9刷発行

著　者　花形　一実（はながた　ひとみ）
発行者　株式会社メイツユニバーサルコンテンツ
　　　　代表者　大羽　孝志
　　　　〒102-0093 東京都千代田区平河町一丁目 1-8
印　刷　三松堂株式会社

◎『メイツ出版』は当社の商標です。



ウェブサイト　https://www.mates-publishing.co.jp/
企画担当：折居 かおる　制作担当：清岡 香奈